SAS特种部队
徒手格斗术

U0683957

[英]马丁·J.多尔蒂（Martin J. Dougherty）/著　李玉红/译

SAS AND ELITE FORCES GUIDE
EXTREME
UNARMED COMBAT

人 民 邮 电 出 版 社

北 京

内 容 提 要

这是一本综合介绍徒手格斗的完全手册，内容源于英国特种空勤团（SAS）及其他精锐特种部队的徒手格斗术。全书共分为三大部分，包括格斗技术的综合介绍、徒手格斗技术动作应用以及徒手格斗训练等内容。书中从基础的防御、击打、缠斗、地面战技术讲起，详细介绍了应对各种被动情况的徒手格斗技术，最后还给出了徒手格斗的体能及实战训练方法等。本书内容全面，并以线条图的形式描述动作及技术要领，真实可靠、易学易用。

本书适合广大健身、格斗爱好者，尤其适合喜欢徒手格斗、自由搏击以及特种部队格斗术的读者阅读。

目　录

序 言

普通军队的士兵、维和部队以及执法人员经常在随时会爆发极端暴力冲突事件的地方执行任务。通常来说，他们都会随身携带武器，不过有时候也会出现武器掉落、枪械发生故障或者弹药用尽的情况。在没有其他选择的情况下，徒手格斗技能可以帮助他们完成任务。

一般情况下，在文明地区执法的警察比在作战区战斗的士兵遭遇极端暴力冲突事件的概率要小得多，所以，本书侧重于介绍格斗技术在军事行动中的实施与应用。不过，一些专业警察部队，如人质解救部队、特殊武器和战术部队（警察部队）、反恐警察，还有那些在不稳定地区执行维和任务的人员也可能非常需要掌握并运用徒手格斗技术。

当然，警察的工作是比较危险的，他们所穿的制服就有可能使他们成为有预谋的暴力袭击的目标，而普通市民一般不会遭遇这样的危险。在这种情况下，警察也许要为了生存而战，而不单单是为了逮捕嫌疑犯。如果是这样的话，本书所介绍的具有攻击性的技术也许能够对他们有所帮助。

如果在拥挤的城市里遭遇袭击，在想要创造空间以使用武器时，士兵所具备的徒手格斗技能也许会起到非常关键的作用。他所接受的徒手格斗训练还可以增强他的自信和斗志。

法律实施

即使乐观地来看，格斗和有一定"实施规则"的徒手格斗之间的界限也是有点模糊的。举例来说，艾瑞克·A.赛克斯和威廉·E.费尔贝恩开发出一套叫作 Defendu 的徒手格斗技术训练体系，它是之后出现的许多现代徒手格斗技术训练体系的基础。Defendu 吸取了治安执法而不是军事应用中的经验，并在之后逐步发展成为一套系统的格斗技术训练体系，在第二次世界大战中用于对突击队员和秘密特工的培训。

第二次世界大战之后，比尔·安德伍德创建了一套与上述 Defendu 格斗技术训练体系名称相似的，叫作 Defendo 的格斗技术训练体系。该格斗技术以一种被称为 Combato 的、运用于军事战斗中的致命的开放式打击技术为蓝本创建而成。第二次世界大战之后，在该格斗技术训练体系被用于培训执法机构人员的时候，安德伍德对它进行了修改，在此基础上创建了名为 Defendo 的格斗技术训练体系，并在执法机构中普遍推广。这种格斗技术攻击性不强，更适合于执法过程中使用。实际上，这两种格斗技术中的很多动作要领是相同的。

同样的，以色列防御战术格斗术也是其创建人吸取 20 世纪 30 年代与暴徒搏斗的经验而创立的，并被以色列武装部队所采用。在此基础上，又创建了不同版本的分别适用于军事、警察和普通人自卫的格斗技术，它们都使用了相同的基本技术和理念。

军队士兵或者治安警察在对付敌人或者嫌疑犯的时候，可以根据具体情况，采用徒手格斗的技术打击敌人，或者在格斗的同时配合使用武器。举例来说，一名警官可以选择使用格斗技术而不是使用武器，或者一名士兵不得不以格斗的方法击退对手而保留自己的武器弹药。这就像是一枚硬币的两面：徒手格斗技术增强了个人的战斗能力，当你面临危险、别无选择的时候，它会帮助你战胜敌人，生存下去。

对于需要掌握其他实战技术的警察人员和军事人员来说，可能没有时间进行复杂的武术技术

给执法人员的建议：这和电影不一样！

真实的战斗场面永远都不会像精心设计的电影或者武术拳击的场景一样。它总是充满了混乱，以及令人恐惧、痛苦和绝望的景象。要训练警官和士兵接受这样一个事实，即便情况看起来一团糟，赢了就是赢了。

体系的训练。有的人自己找时间进行了正规的武术训练，这些技术看起来非常不错，不过它们不一定适合实战，而且，"官方"组织训练的时间也是非常有限的。

所以军用和警用格斗技术体系是对其他技能的补充。这些技术必须易学好用，而且在紧急情况下能够出奇制胜。无论把它叫作什么——擒拿与控制、保护官员、近距离战斗、强行攻击或者徒手搏击——基本上都运用了相同的原理。格斗技术必须能够快速而彻底地打败敌人，要尽可能快地制服敌人。任何其他的结果都可能导致灾难。

对于大多数普通市民来说，在一场战斗中失败可能意味着挨上一顿打，这已经是最坏的结果了。而对于那些处于极其残酷的暴力冲突中的人来说，战败即意味着死亡或者被擒获，甚至可能导致任务的失败或者友军的伤亡。所以，尽管徒手格斗并不是士兵或者警员必备的基本技能，但他们必须掌握一定的格斗技术以备不时之需。

综合格斗技术培训适合于按照规则进行和有裁判裁决的、公平的一对一格斗比赛。它也是一个可以提高在任何情况下都能够使用的格斗技能的良好途径。

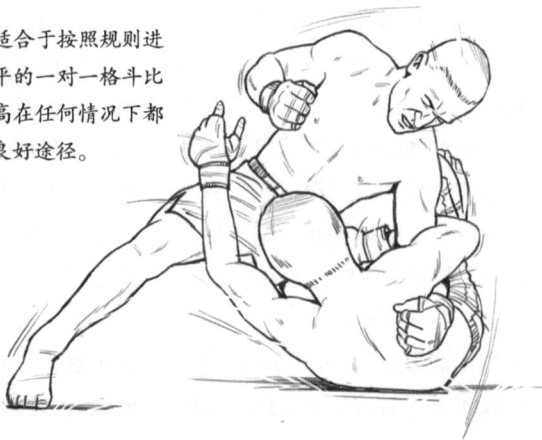

武术与徒手格斗的对比

我们很难说出"武术"这个术语第一次出现的确切时间。最初它是指某些适用于生死攸关的近距离搏击的"战斗技能"。不过，在现代社会，这个词可以用来指各种各样的运动，其中一些运动与格斗之间只是有一些微弱的联系。

有些现代武术技术在战斗中没有任何用处。当然，这并不意味着它们就毫无价值；只不过它们的作用体现在其他方面，是值得进行尝试的运动方式。可是，对于那些从业过程中可能会遭遇危险的人来说，这些武术技能确实没有多少价值。

武术中的其他技能可能更具有实用性，在徒手格斗中经常能够体现其真正的价值。不过，要把这些可能有用的武术技能训练到一定的水平，使它们能够运用于战斗中，需要花费很多时间，而在这个过程中，可能有很多时间花费在了学习一些也许从来也用不上的技能上。

为了能够在格斗中使用高踢腿的技术需要花费很长时间进行训练。对于大多数军事人员来说，最好把时间用于训练其他比较实用的技能。

给特种兵的建议：红灯一亮就进攻！进攻！进攻！

在很多军事系统中，有一个虚构的"红灯"概念。当红灯信号出现的时候，就像听到了"进攻！进攻！进攻！"的命令，战斗要一直持续，直到彻底消灭危险因素、解除威胁为止。士兵必须事先做出判断，在什么情况下会出现红灯信号。也许是看到敌人的拳头举起时，或者是看到敌人伸手去拿武器时，或者是接到上级长官命令的时候。无论是什么原因触动了红灯信号的开关，红灯一旦亮起，就意味着暴力要直到敌人被打倒或者被杀死才会停止。

举例来说，一个武术专业人士需要学会如何从对手一系列的制服控制技术中脱身，而一个士兵在战场上是不可能遇到这些情况的。

因为训练时间有限，士兵需要掌握能够应对大部分可能发生的情况以及快速打败敌人的技术，而不是那些在地上翻滚，与对手缠斗 10 多分钟，只是为了伺机运用锁臂技术去制服对手的技能。

反过来也是同样的道理。接受过"不择手段、快速杀敌"的徒手格斗训练的士兵和警员，在正式的武术比赛中，很可能很快就被训练有素的综合格斗高手、搏击选手或者是一个柔道高手打败。这样的比赛远远超出了他的专业技能范围。

武术训练和徒手格斗训练的根本区别就在于徒手格斗训练的目的是让士兵掌握把敌人彻底消灭或者控制的技术。控制技术也许会作为擒拿和控制系统训练中的一部分进行培训，不过，大多数军事人员经过训练后都能够彻底消灭敌人，而不仅仅只是把他打败。

武术专业人士学习可以破解对手武术绝招的复杂技巧，而徒手格斗技术的练习者学习的是那些可以给目标造成最大限度伤害的简单的格斗技术。这不仅是因为徒手格斗技术的练习者没有时间学习其他技能，更因为格斗技术确实是最有效的技能。在极端的环境中，过激的手段才是取得胜利的关键。

军事行动和执法过程中适用的徒手格斗技能的基本原则对普通市民的自卫也是非常有用的。可是在大多数情况下，采用过激的手段是不合适的，也正是因为这个原因，在军事和警用徒手格斗实践的基础上创立的自卫格斗术受到了人们的普遍欢迎。另外，不是每个人都有时间学习武术并能够达到很高的水平，也不是所有的武术技术都可以有效地运用于自卫之中。

一些可以在不利的情况下迅速逃离的像"压制"技术之类的简单逃跑技术是徒手格斗培训中非常有用的内容。所以没有时间，更没有必要去进行复杂而高深的地面战技术训练。

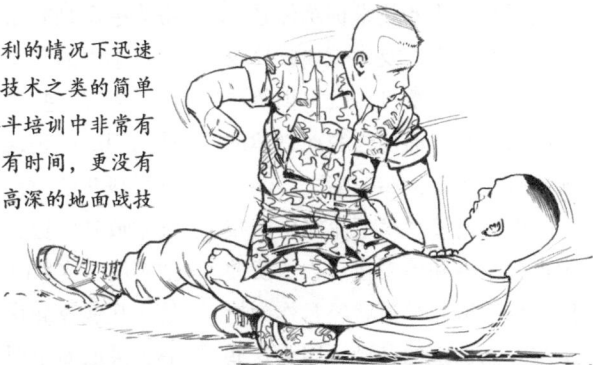

军事格斗技术训练体系

对于那些想要掌握有效的自卫技术，而又不想花费大量时间进行训练的人来说，军事格斗技术训练体系向他们展示了在战斗中什么样的技术是有效的，什么样的技术是可以快速掌握的，由此形成了基于军事原则的武术技术训练体系。举例来说，建立在以色列武装部队徒手格斗技术训练体系之上的以色列搏击术近年来在世界范围内变得非常受欢迎。

也有一些自卫技术训练体系是吸收了军事和安全保卫的格斗经验而创立的。由自卫联盟教授的现代街头格斗技术训练体系不属于这种武术技术体系；它是综合利用军事格斗技术训练体系、武术中的柔道以及像锁擒式摔跤这样的西方传统打斗技术训练体系中的某些方面的内容而创建的纯粹的自卫技术训练体系。

相反，某些武术流派中的技术也被军事和治安执法人员所使用。合气道和柔道就经常作为擒拿与控制训练的基础，因为这些武术中的关节锁定技术是非常具有优势的。一些其他的武术技术也被用于军事格斗技术的训练中。举例来说，巴西柔术中的某些技术就被美国军队所采用。

这并不是因为士兵希望与恐怖分子进行地面缠斗，试图对他们进行降服式控制，如果是那样就太可笑了。不过，对士兵进行如巴西柔术般激烈的缠斗技术体系的训练，他们就可以参加安全却又极其苛刻的体育竞技运动，这不仅可以培养士兵的自信心和战斗精神，同时还可以达到艰苦训练的目的。尽管有些技能在战场上并不一定能够派上用场，但这样的训练对塑造士兵的自信和进攻意识有很大的好处。

因此，有些武术技术在军事格斗中还是有用的，尽管这些武术技术中的某些特殊技能并不实用。还有一些武术技术和理念也被采用。但是，当涉及训练士兵进行战斗的时候，就需要把武术技术放到一边，而要选择一些简洁实用的技术训练体系进行培训，使士兵能够凭借必胜的勇气和决心，采取简单明快的技术手段来克敌制胜。

军事和安全保卫应用技术

根据不同的情况，采取水平稍微不同的技能是必要的。安全专业人士（例如门卫和保卫人员）和警官往往需要在法律许可的范围内，并且在尽量不造成伤害的情况下控制某个人。

试图捕获一名需要接受审问的犯人的军事人员，或者是面对威胁只能进行低水平回应的人，也可以采用控制和扣押的技术。在阻止某个被证明是完全没有恶意的企图进入军事基地的人时，或者在执行

一项维持和平的任务时，也有可能用到控制和扣押技术。

从另一方面来讲，上述人员中的任何人都有可能在执行任务的过程中遭遇野蛮的袭击。在面临致命威胁的情况下，采取过激的手段是合情合理的。对于一个在与嫌疑犯搏斗时被对方夺走了武器，而攻击者有可能利用被夺走的武器对自己进行攻击的警官来说，或者是一个在近距离的巷战中步枪被卡住而不能使用的士兵来说，他们需要做的就是针对眼前的情况做出绝对有效的反应。在这种情形下，不可以采取任何

如果警官在给嫌疑犯戴手铐的时候，突然遭遇对方的反抗，那他将处于一种非常危险的境地，他可能没有时间和机会拿起武器进行反击。

给保卫人员的建议：发生了什么事情？

　　缺乏对形势的了解就不可能做出有效的回应。也就是说，要时刻保持警觉，并注意观察周围是不是有不同寻常的事情发生。暴力事件随时都有可能发生，不过良好的态势感知能力会使你能保持足够的警觉来应对危机。

给特种兵的建议：那样做不"妙"！

　　军事人员被训练成在任何可能的时候，只要出现机会，就一定充分加以利用并发动攻击。他们没有时间去展示优雅的格斗技巧和精巧的反抗手段。他们的目的是消灭敌人，而不是与之共舞。

折中或者姑息的措施；严格地说，这往往是一场你死我活的较量。

有许多简单实用的普通市民自卫技术训练体系采用了军事徒手格斗的基本原理。尽管要注意不能使用过激的手段，但是普通市民在遭遇一群歹徒的残酷殴打，或者是被蓄意攻击、自己欲被置于死地或受到严重伤害的时候，还是要有能力做出合适程度的回应。有效的自卫技术训练（而不是武术训练）与军事徒手格斗技术训练体系并没有太大的区别。在生命安全受到威胁的紧要关头，采取快速有力、简单有效的反击才能打败对手，保证自身的安全。

合法性

正如上文所提到的，有时候军队士兵和执法人员必须把使用武力手段的强度控制在法律允许的范围之内。这一法律规定对于民用安全操作者和需要进行自卫的普通市民来说尤其重要。法律允许那些担心自己生命安全受到威胁的人采取合理和必要的武力手段保护自己的安全。

在作战地区，情况并上述情形没有太大的差异。士兵受国际法的约束，要对违法行为负责。主要的区别在于他们可能面对的情况不同。很明显，在与装备了自动化武器、手榴弹，甚至是大炮的敌人的战斗中，对敌人进行同样的回击是合情合理的。在任何情况下，士兵使用自己的武器都是合法化的，使用任何徒手格斗的技术当然也是法律许可的。

在作战地区执行任务的士兵不仅有权利运用任何可以使用的手段与敌人进行战斗，而且他们通常也会被要求这样去做，除非这样做会危害到更重要的作战任务。这些手段包括使用致命的武力。在日常生活中，对于普通平民来说，如果某人已经使对手陷入无力还击的境地，却还要用脚踩踩他们的头部或者卡住他们的脖颈导致死亡的话，可能会因为犯了谋杀罪而被起诉，但是在战场上，制敌于死地往往是可以接受的。事实上，为了完成任务或者是为了友军的生存，这样做是必要的。在那种情况下，绝不可以让敌人重新站起来进行反攻，再次对自己造成威胁。

给执法人员的建议：控制局势

大部分攻击者只有在他们认为获胜的机会很大的时候才会发起攻击。警官被训练得能够控制局势，以免潜在的敌人过于接近他们，或者在他们的身后活动，从而有机会根据他们自己的条件对警官展开攻击。必须保持对周围情况的高度警惕，避免在毫无防备的情况下被敌人攻击。采取机动性的战术，时刻变换体位，保持潜在的敌人在自己的视线范围内是非常有效的，不过，有时候也可以使用一些障碍物来减少敌人能够发动进攻的机会。警官还可以随时发出诸如"不要试图在背后搞小动作""站在原地，别动"等命令。这样不仅可以主动控制局势，还可以告诉潜在的敌人，自己确切地知道他下一步打算干什么。

士兵不必过于介意他所使用的武力程度。如果敌人试图控制士兵，把他擒获，或者士兵试图徒手攻击一个带有武器的敌人，针对这两种情况的应对措施并没有多大的差别。重要的是必须确认士兵接到命令进行攻击的目标是真正的敌人，而且，士兵的行为不能违反国际法的规定。即便是在战场上，处死受伤的敌人或者俘虏的战犯也等同于谋杀，但是，杀死哨兵阻止他发出警报则是不可避免的战斗程序。

总之，军队士兵必须遵循交战规则，明白在什么情况下，可以与怎样的敌人进行战斗。无论这些士兵是被召集来参加一次空袭战，还是参与一场徒手格斗，这些规则都必须遵循。也许这场战斗是由对方挑起的，开战之前必须做出是否参战的决定。无论是哪一种情况，一旦与决心杀死自己的敌人开始战斗，士兵所需要考虑的就是如何赢得这场战斗的胜利。

　　放弃财产来换取自身不被砍伤或者刺中是明智的选择。不过，如果攻击者试图使用武器，或者试图绑架受害者，那么唯一的选择就是与他进行战斗。如果遭遇持刀攻击，就可以采取过激的手段；否则将会在战斗中失败，造成毁灭性的后果。

第一部分：
格斗技术介绍

对于大多数人来说，他们在日常生活中遭遇暴力袭击事件的可能性是非常小的。当然，人们会犯罪，争吵可能会升级，但是，大多数情况下，只要我们不自找麻烦，麻烦也不太可能主动来找我们。

发生暴力冲突事件的主要原因是总有那么一些给我们带来麻烦的人。士兵可能会被派去发生冲突的地区执行任务，或者不得不为了保卫国家和民族的利益而进行战斗。警官接到报警电话后必须马上做出回应。这些人为了保护他人，不顾自身安危，心甘情愿身陷险境。既然这样，他们就应该具备可以自由采用的且恰当的全套技术手段。

这些技术手段中有很多都具有物质性，如轻武器、防护服和通信设备等。如果有明显的使用武装力量的迹象，或者枪声响起的时候，敌对的一方经常会立刻投降或者迅速逃走。此外，还有一些其他技术手段可以被士兵和警官所利用。大部分时间它们不会被看到，在没有其他选择的情况下，它们就有了用武之地。它们会使事情的结果大不相同。

正确的预备姿势是采取行动、自卫或者进攻的第一步。做好迎敌的准备是非常重要的——没有准备，就没有机会。

1 基本原理

摩天大楼建造在坚实的地基上。同样，要想很好地掌握格斗技能，练习者要对其基本原理有正确的理解。

在极端暴力行为突然发生的时候，你会利用手边任何可以充当武器的东西进行战斗。对处于战场上的士兵来说，那就意味着要使用步枪、机关枪、手榴弹、刺刀以及任何可以利用的重型设备来打击敌人。在自己的周围或者是地上，能够找到很多可以充当武器的东西，如一块石头、一截木棍、一副扳手或者消防灭火器等，这些东西都可以成为御敌的武器。

不过，士兵有时候也会突然陷入必须依靠自己的才智，利用自己的身体进行攻击或者进行自卫的境地。在战争中这种情况并不少见。举例来说，敌人潜入了自己的领地，企图解救人质或是战俘时；或者在近距离交战中，士兵手中的武器意外失落，这时，士兵已经没有时间对自己进行适当的武装，他必须马上站起来面对敌人，投入战斗。

那么在上述情况下，士兵该用什么武器进行战斗呢？对一个赤手空拳的士兵，或者一个没有武器装备的警员来说，他们该用什么手段来对抗敌人的攻击，保护自己的安全呢？如果他们接受过专业的培训，就会采取一些致命的绝招对付敌人，更重要的是，要具备使用这些手段的意志。

人体易受攻击的要害部位

在徒手格斗的过程中，士兵的装备可能会阻碍他的行动，不过装备在很大程度上也可以减少攻击者进攻的机会。防护服可以阻止或者至少可以缓冲敌人击打过来的重拳，用拳头去击打头盔或者手枪弹盘毕竟是一件毫无意义的事情。

军事格斗技术训练体系必须同时考虑到标准装备对士兵行动的妨碍性和对容易受到攻击的要害部位缺乏保护作用的不足之处。人体的脸部、喉部和腹股沟部位容易受到攻击，而且是军事格斗中首选的攻击目标。不巧的是，这些部位也是人类身体最容易受到伤害的要害部位。

也可以用力踢敌人的腿，或者试着去折断敌人的胳膊，或者使劲把敌人摔倒在地，使他因此而受伤。还可以用军靴猛踢摔倒在地的对手，把他置于死地。一般来说，当一名士兵仰面朝天平躺在地上并被敌人踩踏时，防护服等保护措施其实起不到多大的保护作用。大部分徒手格斗技术训练体系的基本训练目标就是尽量避免这种情况的发生。

给特种兵的建议：根据自己的条件而战

从数量上来说，特种兵部队的人数远远少于敌人。在战斗中，他们通过避开敌人的优势和使敌人陷入困境来取胜。他们根据自身的条件而战，而不是与敌人硬拼。

徒手格斗的原则

徒手格斗中关键性的原则是下决心在最短的时间内给予敌人尽可能多的毁灭性打击。在这种情形下，没有什么公平公正可言，即便不择手段，使用阴狠毒招取胜，也根本算不上不道德的行为。事实上，使用计谋战胜敌人是一条通往胜利的捷径，它也许意味着生存下去的唯一机会。

在格斗时，最重要的是士兵要有必胜的决心和杀敌的斗志。也许他不愿意伤害任何人——大部分人，包括士兵，实际上都不愿意给别人带来痛苦——但是，在与敌人的生死搏杀中，他所采取的行动与个人意愿无关。重要的是为了生存下去他必须这么做。面对一个一心一意（甚至是迫切）想要置他于死地的敌人，士兵必须用同样程度的进攻和暴力以及毁灭性的打击给予回应。一个人所掌握的格斗技术，连同他的战

斗力、适应性和战术行动意识，都是战斗中可以利用的优势。不过，如果没有坚定的战斗意志作为行动的导向，它们都将毫无用处。面对敌人凶猛的进攻，如果一个士兵迟疑着不敢给予致命一击或者是感到恐慌，那他很可能会败下阵来。因此，军事格斗训练就是要培养士兵的进攻意识，使他们抛开不必要的顾虑负担，以必胜的决心打击敌人。只有具备这样的战斗意识，士兵才可以全力以赴地投入战斗，使自己在绝境中杀出一条生路，化险为夷。

总之，坚定的战斗意志是取得战斗胜利的保证。

进攻：最好的防御形式

一般来说，一直处于防御状态可能会导致失败。武术专业人士和竞技选手可能会使用一些聪明而狡猾的手段，诱使对手犯错。即便这样做能够奏效，士兵也没有时间这样做。因此他将利用一切机会发起

给特种兵的建议：做好防御工作

进行防御是陷入绝境时不得不采取的措施。如果你正处于被攻击的状态，你将无法根据自己的条件与敌人进行战斗，你正在把战斗的主动权交到敌人手上，那就太危险了。

进攻，在敌人开始行动或者援兵到来之前迅速将敌人打败。

如果进攻迅猛及时，士兵可能根本不需要进行防御，即使面对多个敌人，如果他可以持续变换位置进行攻击，那他就可以打乱敌人发起进攻的企图，也就不需要进行这样的防御了。

士兵所采取的任何防御措施必须服务于两个目的。首先，必须能够打败任何针对自己的攻击，或者至少能够明显减轻攻击的强度，使自己不至于丧命。也许之后士兵会因此而承受痛苦，甚至身受重伤，需要治疗，但是，只要击退了一个试图置他于死地的敌人，那就意味着他已经打赢了这场战斗。其次，所采取的防御措施不应该只是纯粹地采用固守防御的姿势。如果士兵侥幸躲过了一拳，下一秒却被敌人的第二拳击中，那也没有多大意义。相反，如果士兵能够成功躲过敌人的一记重拳，并同时顺势一拳击中敌

人，这就意味着朝胜利迈出了第一步。

显然，采取一定的防御措施是非常必要的，否则士兵就会在遭遇敌人发动的各种攻击时手足无措，无力还击而丢掉性命。不过，士兵必须尽可能采取进攻型的攻防相结合的防御手段，如果他被迫处于完全的防御姿势（比如说士兵被擒拿或者被控制），那么他必须想办法尽快从困境中摆脱出来，把主动权重新夺回来。

基本的站立姿势和步法

许多专业的武术人士过分强调站立姿势，其中有很多姿势都有些做作，要不然就是受到多方面限制。可能这些姿势在武术对打中是非常有用的。不过，模式化的武术姿势在残酷的生死搏杀中却毫无意义。摆出一副神气的姿势站在那里并不能帮助你赢得战斗的胜利；要想赢得胜利，必须进行战斗。

大多数徒手格斗技术训练体

预备姿势

如果暴力冲突事件突然发生，士兵可能没有时间摆出标准的预备姿势迎接战斗——他将忙于进行攻击、移动身体或者进行防御。因此要求士兵摆出完美的"战斗姿势"是毫无意义的。士兵所需要做的就是能够发起有力的攻击，避免被敌人击中或者抓住，保证身体能够自由活动。

双手自然半握成空拳，或者紧握成实拳；只要双手能够向上准备攻击或者保护头部，空拳或者实拳并不重要。一般情况下，士兵都会把强势手放在后面，把弱势手（通常是左手）放在前面。也许图片上的该名士兵习惯于使用左手，又或许他是出于战术上迷惑敌人的考虑，故意装成了"左撇子"。

系中都有一些基本的"预备"姿势或者防御姿势训练内容，不过它们只能出现在格斗开始之前。一旦开始真正的搏杀，士兵需要不断地移动身体位置，主动攻击敌人，并迅速把他置于死地，然后开始对下一个目标的攻击。防御姿势或者预备姿势只是发动主动进攻前的一种临战姿态，预备姿势并不是战斗的全部内容。

基本的预备姿势与拳击手的防御姿势相类似。强势手（一般是右手）放在后面，而弱势手放在稍微靠前面的位置。双手向上，手掌通常是张开的，而不是握成拳头，因为这样可以有更多的选择机会。双肘贴近两肋起保护作用。身体侧转45度角，以保护内脏器官。双脚脚尖稍微向内，双膝稍微弯曲，准备随时移动。采取这样的站姿，士兵可以向任何方向移动，对付新的威胁。

擦地移步（滑步）

按照常规，我们走路时，双脚前后交替，向前迈步，不过在格斗中，以这样的方式挪动双脚，移动身体，会影响士兵的应变能力，使其陷入被动状态。因为在交叉替换双脚的时候，士兵就不能对敌人突然发起的攻击做出迅速的反应。所以，在大部分的格斗训练体系中，都主张采用擦地移步即滑步的步法移动身体。擦地移步能够保证在前进和后退的时候，身体姿势保持不变。也就是说，如果左手在靠前的位置，无论前进或者后退，要始终保持这个姿势，不能改变。

A

与平时走路抬脚迈步的方式不同，在格斗中，向前移动身体时，士兵后脚蹬地向前推动身体（B），前脚向前移动，拖动后脚向前，然后收住脚步，从而保持两脚之间的距离再一次与肩同宽（C）。身体向后移动时，两脚动作与向前移动时正好相反：前脚发力，使身体向后退，后脚向后挪动，拖动前脚向后移动。

B

C

身体保持移动

保持身体自由移动是在战斗中生存下来并获得成功的关键。通过不断地移动身体，士兵可以使自己不容易被赤手空拳的敌人击中，或者被持枪的敌人射中。重要的是既要快速移动身体，同时还要保持身体的平衡，以便能够及时对敌人发起猛烈的攻击。所以格斗中经常会采取擦地移步的步法移动身体。这样既保证了自己在格斗中始终处于防御的状态，又可以避免因双脚不断地交叉变换位置而削弱身体的平衡性。

擦地移步的基本原则是把身体向前推动而不是迈步向前。向前移动时，肩膀带动整个身体，前脚抬到一定的高度，向前跨出一步，然后带动后脚向前，使双脚的距离再一次与肩膀同宽。

后退时正好相反：士兵把身体向后退，带动前脚向后滑步（如果身体呈直立状态，双腿挺直，身体就无法移动；而采取稍微下蹲的姿势，膝盖弯曲，更适合身体的迅速移动），后脚向后撤步，前脚随之向后移动。

向斜对角方向的移动和向旁侧避让也是同样的道理：士兵向预定的方向倾斜身体，然后双脚也向这个方向移动。这和我们平时走路的步法正好相反，平时走路的时候，我们一般是前脚向前迈进，身体紧跟着向前倾斜移动。

有的时候，士兵也会在合适的时机下采取普通的步法移动或者跑动。在必要的时候，他可能会采取俯冲、翻滚或者跳跃的动作移动身体。在格斗中并没有非常严格的运动规则，不过有一个问题必须引起注意，那就是在战斗中，无论士兵采取什么样的方式移动身体，必须保证既可以快速攻击，又可以有效防御。

进攻与战术

正如我们已经强调过的，单纯的防御并不能赢得战斗的胜利。在战斗中要有抢占先机、尽快消

给执法人员的建议：掌握主动权

警员应该被训练得可以控制局势，主动出击，而不是被动地对敌人的攻击做出反击。他们决定了做什么，就应当立即去执行，以迫使敌人就范。

给保卫人员的建议：谨记你的任务是什么

保卫人员的任务是保护客户的安全，而不是赢得与攻击者战斗的胜利。过分专注于局势的一个方面会给自己的工作留下危险的漏洞，所以，要对任务是什么、现在的局势如何保持高度警惕，随时做好应对新的危机的准备。

灭敌人的意识。只有把敌人打倒在地，或者置其于死地，才能使他失去反击的机会，这也意味着士兵对敌人的攻击进行了成功的防御。

对距离最近的敌人进行猛烈攻击将取得意想不到的效果。但是也需要根据具体情况做出判断，尽量减少攻击时所面临的危险。在面对许多敌人的时候，也许距离自己最近的敌人不一定就是最危险的，或者是最理想的攻击对象。也许比较好的办法是用力把一个敌人推到另一个敌人的身上，瞬间消除两个敌人的威胁，以便赢得时间去对付第三个敌人。

击打与缠斗

大部分的军事徒手格斗技术训练体系都很重视击打技术的训练。击打技术在格斗中有很大的杀伤力，特别是可以快速把敌人打倒，避免士兵陷入与敌人的缠斗之中。在真实的打斗中，实施复杂的关节锁定技术难度比较大，最糟糕的事情是士兵在与一个敌人搏杀的时候，可能会遭遇另一个敌人从后面攻击他。

因此，在全力以赴的徒手格斗中，缠斗是仅次于击打的技术手段。而且，在某些特定的战局中，缠斗是非常有效的战斗手段。它可以迅速降服对手，把他控制或者俘虏。也可以用它来解除敌人的武装或者打断敌人的四肢，还可以悄无声息地把处于惊慌状态或者处于压倒性优势的敌人杀死。

缠斗技术也经常与击打技术同时使用。比如，可以把敌人的头部紧紧缠抱，用膝盖撞击他的身体，然后，把他用力摔倒在地上，再展开进一步的打击。这样不仅可以使敌人的身体受伤，还可以使他陷入被动挨打的境地。

军事格斗技术的高效性是毋庸置疑的，困难的是如何运用柔道中摔倒对手的技术和柔术中制服性缠斗的技术。如果能够熟练使用摔倒、窒息和关节锁定等技术，上述摔倒和缠斗技术的应用就相对简单而容易了。在真实的战斗中，士兵不可能只进行一对一的格斗，他必须能够对付完一个敌人之后，迅速对另一个敌人发起进攻。

军事徒手格斗中的击打技术与体育运动中的武术击打技术有所不同。首先士兵是在真实的战斗环境下展开击打，在这样的情况下他们把敌人杀死或者是使敌人致残都是可以被接受的，而且，

给特种兵的建议：下颌刺拳

下颌刺拳是指用手掌击打敌人的下颌，这是第二次世界大战时，英国突击队击打技术训练中的主要内容。这一技术非常有效，几乎不需要其他技术的配合。

他们把击打敌人的眼睛部位和咽喉部位作为首选的攻击措施。同样，敌人也会佩戴头盔或者身着防护服进行防御，这就减少了士兵对于击打部位的选择余地。

在战斗中，士兵绝对承受不起手部骨折和无法使用武器的后果，所以，军事格斗技术往往限制拳头的使用。即便敌人没有佩戴头盔，用拳头击打敌人的头部也很容易造成手指关节的骨折。因此，军事徒手格斗战术中强调，只有针对敌人身体上比较柔软的部位进行击打的时候，如肋骨下方，或者肾等部位，才可以使用拳头。而对于大多数其他部位的攻击，则需要使用其他的击打技术。这些击打技术包括掌击、锤击和肘击等，所有这一切技术的设计都是为了在对敌人进行毁灭性击打时，保护拳头不受伤。

进攻和防御

攻击者拥有主动权；防守者必须进行反击，而不是按自己的想法进行攻击。一般来说，尽管敌人试图进行防御，主动进攻还是可以控制局势、打败敌人的。所以，如果士兵被迫处于防御状态的时候，必须尽可能找到反击的机会。

不过，对敌人的攻击必须进行防御。有必要避免敌人的正面攻击，至少要设法减弱敌人进攻的力量，使自己能够继续进行战斗。大部分的防御措施都很简单；身体下蹲闪躲，要不然就是用身体不太容易受伤的部位保护被攻击的部位。防御手段必须灵活，要把它作为赢得战斗胜利的一种策略。一个陷入恐慌或者只知道掩蔽自己的士兵充其量只是在拖延被打败的时间。

防御技术包括躲避正面攻击、保护被攻击部位和偏离攻击路线等。关键是要把防御的重点放在敌人攻击力最弱的地方，而不是正面迎接敌人的重拳击打。

2 防御技术

纯粹的防御并不能赢得战斗的胜利，但是成功的防御可以做好对敌人进行毁灭性反击的准备。

尽管采取防御措施并不是最理想的选择，但至少可以使士兵在面对敌人的进攻时能够存活下来，把战斗进行下去。最好的防御措施是避免与敌人进行正面交锋，要与他捉迷藏或者进行蛇行避让，最好是能够以压倒对方的攻势使其陷入被动（或者把他打倒在地）。如果这些战术都没有奏效，敌人还是在设法进行攻击，此时士兵采取攻守相结合的战术，还有改善战局的机会。

身体移动和躲避技术

身体移动是最基本的防御手段。不断地移动身体，可以使士兵成功避开敌人的有效攻击。事实上，敌人找不到突破口，就根本无法进行攻击。身体移动的范围是相当大的，比如，可以向远处移动，也可以向敌人靠拢，要不然就是在相当小的范围内变换身体的姿势，躲避敌人的拳击。

在与敌人展开近距离格斗的时候，最好的移动方向往往是直接冲向敌人，展开猛烈的攻击——如果敌人不想被击中，他就不会进行迎击。不过，一味地向前直冲也许意味着自杀，尤其是在敌人的手中握有武器的情况下。所以，士兵应该与敌人展开周旋，想办法转到他的侧面。大部分敌人都习惯于用右手，所以他们最强有力的攻击也是从右边发出的。如此一来，转向敌人的左侧（士兵的右侧）通常来说是最好的选择。

躲避与反攻

　　敌人挥舞有力的野性之拳砸向士兵的头部。这是所有徒手格斗技术中最常见的一种攻击方式，如果被击中，其后果将是毁灭性的，但是这种攻击也是相对容易躲避的。

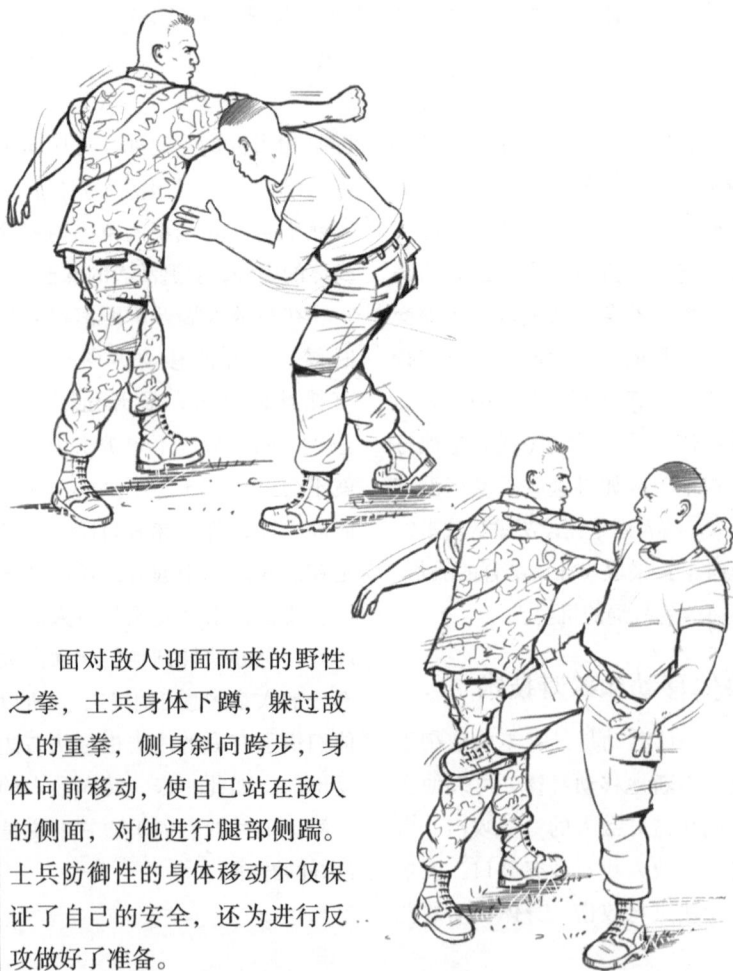

　　面对敌人迎面而来的野性之拳，士兵身体下蹲，躲过敌人的重拳，侧身斜向跨步，身体向前移动，使自己站在敌人的侧面，对他进行腿部侧踹。士兵防御性的身体移动不仅保证了自己的安全，还为进行反攻做好了准备。

在近距离的格斗中，身体移动的范围是非常有限的。后退并不是一个好的选择。如果你向后撤退，就给敌人创造了向前逼近的机会，使他无论从身体上和心理上都占据了优势。士兵在向后撤退的时候，也许会被什么东西绊倒，无论如何，撤退并不能赢得胜利。如果有必要中断格斗，最好的方式是制造机会（也就是说通过击打敌人）从预定的路线迅速逃离。那就需要做出向哪个方向逃离的决定，需要有清晰的逃离目标，不能盲目行动。最好能逃到比较安全的地方，盲目行动往往会导致新问题的出现。

在近距离移动时，向旁侧避让和突然靠近也是非常有用的。如果敌人发动进攻，如用刺刀刺过来，那么士兵向旁侧避让能够让自己避开危险，同时也提供了一个接近敌人并对他进行反攻的机会。在进行徒手格斗的时候，近距离攻击是唯一的机会。向后撤退只能使士兵失去进攻的机会，反而把自己变成敌人攻击的目标。

Y 字形战术

设想 Y 这个字母是由上面两个分叉和下面一个分叉构成的。所谓的 Y 字形战术，是指在进行格斗的时候，双方站位的变换就像是在 Y 字形的 3 个分叉之间进行一样。Y 字形战术被普遍运用于很多徒手格斗技术训练体系中。士兵站在 Y 字形下面分叉的位置，敌人位于 Y 字形 3 个分叉的交接处。双方以这样的站位对峙，呈现势均力敌的局面，但是如果士兵迅速转移到 Y 字形上面两个分叉中的任意一个分叉处，转身面对站在 3 个分叉交接部位的敌人，并利用任何可以利用的手段（如踢技、打击技和任何可以用来充当武器的东西对敌人展开打击）对付敌人，在这个时候，敌人可能就反应不过来为什么面前的士兵突然消失不见了。在敌人重新调整站位的时候，士兵就可抢占先机对他展开猛烈的攻击。对付毫无防备的敌人，这个战术是非常有效的。

当然也可以把身体下蹲，躲避敌人的正面攻击。应对敌人的摆拳或者是武器攻击时，这是最有效的方法。仅仅采取身体下蹲的措施进行躲避将一事无成（除了没有被击中），所以士兵要继续移动身体，使自己站到敌人击打范围之外。这是 Y 字形战术的另一种运用方法，士兵处于可以进行反击的位置。

掩护式防御

如果敌人已经迎面扑过来，士兵几乎没有任何反击的机会。这时候，他最好能迅速掩护住即将被击中的部位，移动身体，设法避开敌人正面的击打，或者至少减缓被击打的强度。如果敌人的攻击沿着一定的弧度过来，比如，采取横踢技术或者挥舞钝器进行击打，士兵可以移动身体避开敌人的正面击打，从而减缓击打的强度，但是比较好的做法是正面冲向敌人。这样不仅可以避开敌人的有力击打，还可以使自己占据有利位置，从而进行反击。

把两条手臂放到头的两侧进行保护是所有人在遇到威胁时所做出的本能反应，也就是典型的"反射性退缩"。士兵把手绕到自己头部的后面，手呈杯状扣在后面的头骨上，把头缩到手臂弯里。与此同时，正面冲向敌人，这样做可能会导致敌人的击打滑落到士兵的手臂上，击打的力量消失在头部后面的周围——虽然不舒服，可是总好过太阳穴被击中。通常来说，士兵下一步的行动就是缠抱并控制敌人的手臂使它们不能移动，把敌人抱握住并开始反击。

保护肋骨同样也很简单。士兵两个手肘下垂，弯曲手臂，紧贴肋骨部位，保护胸腔不被击中。同时，身体不断移动，有效减缓拳击的强度。掩护式防御并不是非常理想——士兵仍然会被击中，也许还会遭遇非常严重的击打。他们可能有机会采取一些手段来减轻受攻击的强度，能够继续坚持作战，但是掩护式防御并不是任何时候都可以采取的措施。

扼制式防御

如果士兵能够提前识破敌人的攻击意图，他就有可能设法扼制敌人的攻击，使敌人根

Y 字形战术

　　只要有可能，士兵就不要站在敌人攻击的正对面，因为来自正对面的攻击是最强烈的。正面应对一个拿着刺刀向自己冲过来的敌人，可能是世界上最糟糕的事情。

　　因此，士兵要迅速避开敌人的攻击线路，站到敌人的侧面，在这样的位置上，他就可以对敌人展开有力的拳法回击。Y 字形上面的两个分叉处是比较理想的位置，而下面的分叉处则比较危险。如果敌人也重新调整了自己的位置，使士兵再次站到了 Y 字形下面的分叉位置，他必须再次转移到敌人的侧面，占据有利的位置。

掩护式防御 1

　　当敌人挥舞拳头砸向自己的头部时，士兵抬起手臂，好像要抓住自己头部的后面一样，保护自己的头部不被击中。敌人的拳头一旦落下，士兵迅速把敌人的击打手臂紧紧缠抱。在敌人拼命挣扎、想把手臂挣脱出去的时候，士兵趁此机会进行反击。

　　本不能击中目标。采取这一手段应对摆拳击打尤其有效。士兵身体向前逼近敌人，使他无法展开攻击。对抗敌人的勾拳或者摆拳攻击的时候，士兵把一条手臂插入敌人手臂的臂弯处，另一条手臂扳住敌人的肩膀，尽可能把他拉近自己的手肘。这样就能确保士兵的两条手臂不会因为受到撞击而合拢到一起，而且还可以把自己向前冲击的力量（再加上敌人的力量）全部传递到敌人身上。

　　这么做的目的不仅仅是要扼制敌人的攻击意图，最好是能够让敌人因为遭到重创，疼痛难忍而站立不稳。士兵在成功扼制敌人的攻击后，可以进一步对他实施扭倒抱摔或者是其他的击打技术。

掩护式防御 2

当敌人对自己的身体进行横踢的时候，士兵移动身体靠近敌人，或者向侧面闪避，躲开或者减弱踢击的力量。用双臂保护肋骨，使身体弯曲，减弱踢击脚落在自己身体上的力度。即使进行了及时的防御，士兵还是会受到一定的伤害，不过，趁着敌人因为踢击失败试图恢复身体平衡的机会，士兵就可以重新调整好站姿，对敌人展开攻击。

转向式防御

对于敌人发起的突然进攻（也可能是直拳击打或者是前踢），士兵可以用力把来拳或者是来腿猛推到一边，改变敌人的攻击方向。与此同时身体向侧面移动，增加来拳或者来腿落空的可能性，不过士兵也不能移动到太远的地方。他的最终目的是尽可能地靠近敌人，如果敌人使用武器进行攻击就可以避免被打中。这时敌人必须调整位置，转向士兵，重新发起进攻，而士兵就叫以趁机进行反击。

从某种程度上来说，转移式防御是人的一种直觉和本能反应，在有限的训练时间里，这是一种比较容易掌握的技术。引导敌人转移进攻方向的最大好处是，敌人的身体会因此而失去平衡，在发起下一轮的进攻之前，他必须先恢复身体的平衡，站到合适的攻击位置上。

扼制式防御

扼制式防御将防御和反攻合二为一。防御者向前逼近，两只手臂插入攻击者的肩膀和手肘弯曲处，给他造成剧烈的疼痛，也许还能使攻击者站立不稳，向后倒退。

转向式防御

对于来自正面的攻击，比如前踢或者刀刺，可以通过大幅度移动身体的方式，把攻击方向引向侧面。正面对抗攻击是不明智的；相反，士兵应该把身体移动到 Y 字形的一个分叉位置，使敌人的攻击落到 Y 字形的另一个分叉处。要通过转移敌人的攻击方向来化解自己被击中的危险。

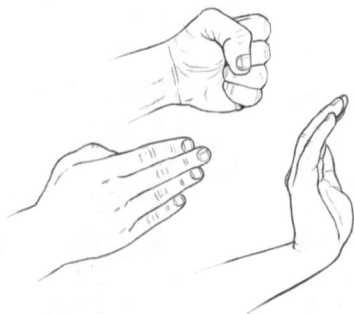

大多数军事徒手格斗技术训练体系的主要教程包括用手或者手肘击打敌人的头部和颈部，还有踢击敌人腿部和身体其他部位的训练内容。

3 击打技术

击打技术是军事徒手格斗技术训练体系中的主要训练内容。运用这些技术可以使士兵快速制敌于死地，避免陷入与敌人的缠斗之中。

对人体进行重拳击打有可能会造成非常严重的伤害。但是，这种情况只发生在打击力度足够大并且击中要害部位的时候。一个结实的人在承受沉重的击打之后仍然能够坚持作战。在作战地区，士兵没有足够的时间对敌人进行连续的击打直至把他制服，因此，每一次的击打都必须快速而有力，最好能够一击制胜，没有必要讲究击打位置的精确性。

军事格斗技术训练体系中也包括一些不适合于（多少有点令人震惊）在非战区的环境下使用的技术训练。根据民法规定，如果攻击者已经失去了继续作战的能力，对他进一步的伤害将是违法的。毕竟，当对手已经失去还击能力的时候，所谓的自卫理由便不再成立了。然而，在军事战斗的环境中，受伤的敌方战士可能会从重创之下缓过劲来，重新加入战斗，这是非常严重的危险因素。所以，为了确保不发生这样的事情，士兵必须把敌人打倒在地，使他严重致残甚至把他杀死。

有两个概念必须加以区别：杀害一个无助的战俘是犯罪行为；但是，有时候为了防止一个暂时被打倒的敌方士兵再次爬起来重新加入战斗而把他杀死，则是为了生存下去而必须要做的事情。

事实上，在徒手格斗中，把敌人打倒并结束他的性命也许是取得决定性胜利的唯一方法——把一个想置你于死地的人击垮的难度远远超出了一般人的想象。

肘部坠击技术

对一个俯身向前的敌人，可以采用肘部坠击技术击打他的头部或者身体，身体的肩胛处就是一个理想的击打目标。对头部任何地方的击打都是致命的，并不需要精确地定位击打位置。

也可以使敌人呼吸困难，失去对抗的能力，例如，用力击打敌人的身体使他暂时失去喘气的机会。也可以用力摇晃他的头部使他神志不清。通常通过重拳击打其头部可以达到这样的效果，把他重重地摔倒在地或者撞击墙体有时候也会起到同样的作用。不过，大部分的击打效果并不一定非常好。它们也许会让敌人站立不稳或者暂时失去意识，无力反抗或者防御士兵后续的击打，但是，单凭一记有效击打很难把敌人置于死地。

人体的结构是非常奇妙的，很多致命的器官受到了很好的保护。人的皮肤有很好的弹性，而且还有着意想不到的厚度。肌肉可以承受很多次的击打，而大脑和致命的内脏器官分别被头骨和肋骨所包裹保护。当然，打击力度足够大的时候也会造成骨折，但是对一个不断移动身体并且进行反击的敌人来说，使用击打技术很难给他造成致命的伤害。因此，大部分徒手格斗技术训练体系中都提到，如果想置敌人于死地，最好是把他击倒在地，用脚踢击或者踩踏他的头部或身体的要害部位。士兵笨重的靴子是强有力的杀伤性武器。

利用双手和双臂进行击打

人的双手和双臂是最便利的击打武器。在近距离格斗中，用双手和双臂击打敌人的头部与身体是非常方便的，不会让人产生在踢击时因腿部抬起而使身体失去平衡一样的担心。充分利用人体力学的原理，可以很容易地对目标部位进行猛烈的击打。不过，它也是一把双刃剑，充当击打武器的身体部位也是由肉体和骨骼构成的，其构造与敌人是相同的。尤其是人的双手是由许多小骨节构成的，在用手击打敌人的头骨、头盔或者任何其他有着坚硬外壳的部位的时候，有可能导致自身双手骨折的危险。

在格斗中，士兵要尽量避免自己的双手受到伤害，这是非常重要的，因为，如果双手受伤就无法完成任务，还可能导致其他一系列严重的后果。因此，对敌人展开击打的时候，对于头部这种有着坚硬外壳保护的击打目标，最好能够利用其他武器代替自己的拳头进行击打。紧握的拳头当然不会那么容易受伤，不过最好用它去击打敌人身体比较柔软的部位。

可以使用张开的手掌击打比较坚硬的部位。很多武术专业人士使用相似的击打技术，不过都比较程式化。需要注意的是要及时收回击打手，不要让手指受伤；手指确切的位置并没有多大关系，只是落在击打目标上的必须是手掌的根部和拇指多肉的部分。也许这样的掌击对于某个位置的击

给特种兵的建议：深呼吸！

每当完成一次攻击，长出一口气。完成每一次的击打、擒拿和推拉，都要进行一次深呼吸。这样不仅可以保持呼吸匀称——在格斗中这是非常重要的——还可以使每一次的进攻都更加强劲有力。

打显得有点笨拙，但是，对大部分部位的击打都可以使用。

一般来说，掌击的主要目标是头部，攻击时不需要确切地定位击打位置。对头部任何位置的击打都是致命的，不过，效果最好的是使用勾拳击打下颌底部。实施击打的时候，掌力稍微向上，从正面直击下颌。有时候，用掌刀击打锁骨部位也是非常有效的。不只是因为击打头部和锁骨部位可以被当作击打组合来使用，还因为这样可以迫使敌人站立不稳，向后倒退。

锤击是指拳头紧握对敌人进行击打，不过击打区在拳头底部的肉垫部分。一般用它们对敌人的头部或者身体进行坠击或勾拳击打（向内或者向外）。通常来说，以这种方式进行击打不会对手造成伤害。如果手里持有某种东西的时候，也可以使用锤击的方法。一把手电筒、一节木棍甚至

一听罐头都可以用于增加锤击的效果。

手肘的底部是人体最坚硬的骨骼之一，以它作为发力点进行攻击，打击力度是非常大的。可以用肘部对敌人进行直击，也可以进行曲线击打，对敌人头部和身体进行肘击具有同样的击打效果。肘击也可以用于防御性的反击。举例来说，当敌人从后面把自己牢牢抓住的时候，士兵可以用肘部向后猛击敌人，迫使他松手；或者可以把肘击作为短距离的攻击手段。

一些专门的手掌击打技术经常被运用于格斗中。举例来说，如果能找准穴位，指戳敌人的咽喉部位也可以致命，还有以拇指和食指间的蹼状组织部位卡压咽喉部位、以 V 字形手指戳击敌人的眼睛，这些都属于手掌攻击法。与拳法击打相比，手掌击打还有另外一个好处，那就是，拳法击

用双手进行击打

最基本的击打技术是用握紧的拳头击打身体比较柔软的部位，如肾或者腹腔部位，还可以用手掌根部击打比较坚硬的下颌部，用手掌侧面和伸直的手指击打或者指戳咽喉部位或脖子侧面柔软的地方。

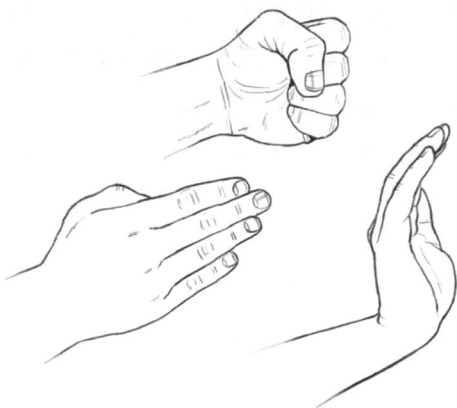

打的时候，有可能因为紧张而导致拳头握得太紧，手臂僵直，击打不力；而把手掌张开可以进行多种方式的击打，而且也方便于同时使用抱握擒拿等技术。

直拳击打技术与勾拳击打技术

直拳击打，顾名思义，就是指士兵挥拳对目标进行直接的击打。这是拳法中最基本的击打技术，这种拳法攻击距离远，速度快，破坏力极强。出拳时，后脚蹬地推动身体向前冲，确保肩部和臀部顺势跟进，扭腰将冲力和腰力融为一体，增加击打的力度——单凭手臂的肌肉发力起不到击打的效果。直拳击打比勾拳击打速度要快，所以，容易把敌人一拳击倒在地。也许更重要的是，使用直拳击打时，士兵占据了和敌人之间的"中心线"，可以有效防御来自其他方向的攻击。

直拳击打可以将敌人一拳击倒在地，即使没有达到这样的效果，也可以使他在重拳打击之下，站立不稳，连连后退。在这种情况下，敌人很难进行有效的反击，而士兵则步步紧逼，可以对他展开连续的猛烈打击。

锤击技术

锤击是指用紧握的拳头进行锤击式击打，不过，要用拳头上多肉的部位而不是手指关节进行击打。这样既不会对手造成伤害，还可以使击打非常有力。

勾拳击打是指拳头沿一条弧线出击。就击打距离来说，勾拳击打比直拳击打要短。不过，以勾拳击打可以绕开敌人的防御，以意想不到的力量击中目标。在所有的击打技术中，最能体现人的本能反应的是野性的摆拳击打或者重拳强击，但是这些拳法都很容易遭到反击或者被避开。尽管这些击打技术具有只要击中目标就会产生致命杀伤力的效果，不过因为它们的动作不够迅速，一旦实施，很容易被敌人察觉。

训练有素的士兵知道如何迅速而规范地利用勾拳对敌人进行最大力度的击打。这样一来，士兵就可以在适当的位置比较长时间地保持临战姿势，防御敌人的攻击，同时还能够掩饰自己的进攻意图，使下一次出拳更容易击中目标。勾拳击打不仅要用手臂发力，而且还要整合整个身体各个部位的力量，拳劲源自肩部与腰部的拧转和后腿蹬地给予的力量支撑。出击拳巨大的冲击力甚至可以把敌人一拳置于死地。

通常来说，士兵在逼近敌人的时候先进行直拳攻击，在双方距离缩短之后，或者是敌人站在中心线的位置进行自我防卫的时候，就可以使用勾拳对他继续进行击打。敌人把两只手臂抬起保护自己的头部不被直拳击中，此时他身体的其他部位就处于毫无防范的状态，士兵可以使用勾拳进行攻击。如果敌人变换了防御姿势，可以再次对他进行直拳攻击。不过，在真正的格斗中，并不一定能够完全按照这样的拳击套路进行攻击。通常的情况是，士兵发现敌人的防御漏洞之后，可能会用自己认为能够奏效的任何击打技术展开攻击。重要的是不能为了选择最完美的攻击机会而稍有迟疑；要迅速打击敌人，给他造成痛苦，哪怕这一拳的击打效果不是非常理想。

眼部击打技术

通常使用前导手进行眼部击打，手指稍微分开，指尖向下弯曲。击打的角度最好是稍微向上，但落下的角度不能太高，要低一些。这就能够让击打目标不是非常明确的手指顺利滑入敌人的双眼，而不会落在敌人的前额或者头盔上。

眼部击打快速而有效，但是单凭眼部击打并不能够把敌人打败。大部分敌人为了避免眼部被击中会做出退缩的动作，从而为士兵展开进一步的攻击创造条件。任何人遭到眼部攻击的时候都会下意识地把头转向一边，至少也会迅速闪避，所以，紧接着对他进行掌击要比拳击的效果更好一些。很难预先精确地知道下一步的击打会落在敌人头部的哪个位置（甚至可能落在被头盔保护的前额部位），实施掌击能够让敌人的头部受到重创，失去意识或者晕头转向，不知所措。

勾拳击打技术

　　握紧的拳头可以用于击打头部,尽管也会有导致手部受伤的危险。击打动作要迅速,不能漫无目的地胡乱挥击,最好针对下颌附近的部位进行击打。这将使敌人的头部扭到一边,导致"脑震荡",敌人因此而失去方向感,甚至昏死过去。

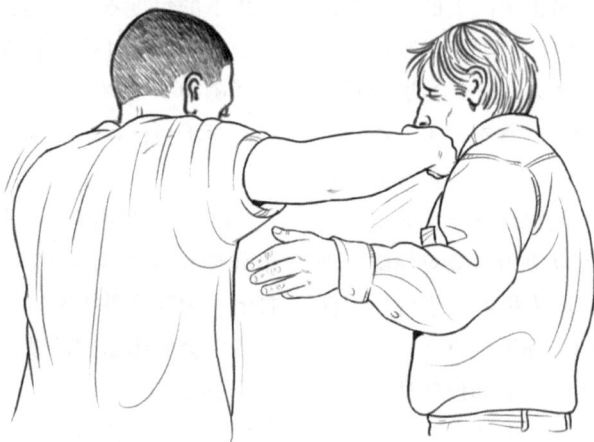

下颌刺拳击打技术

　　下颌刺拳是有效对付佩戴盔甲的敌人的少数几种击打技术之一,是第二次世界大战中突击队员最喜欢采用的攻击手段。下颌刺拳一般以强势手(放在身体后面的手)发招,最理想的打击点是敌人的下颌部位,能够迫使敌人在重拳击打之下,头部突然向后仰去。击打面最好用手掌的根部,也可以用整个手掌击向敌人,伴随着士兵向前冲的势头,把敌人的头部向上向后推压,利用巨大的冲击力把敌人向后推倒在地,或者,至少可以使他站立不稳,身体失去平衡。

　　即便击偏了位置,手掌落到了敌人的颧骨、鼻梁或者前额部位,仍然可以给他造成很大的伤

眼部击打技术

眼部击打的动作迅速而轻巧，使用前导手击打速度比较快。它一般不可能把敌人彻底打败，但是有可能使他向后退缩，或者让敌人有短暂的迟疑。士兵可以充分利用这个时间调整作战手段。在这种情况下，士兵可以快速解决两个敌人，腾出时间去对付第三个敌人。

害，或许还可以把他打昏，同时还不会使出拳手受到伤害。据说用手掌击打敌人的鼻梁有置其于死地的作用，但是还没有真实的事例可以证明其有效性，除非这一掌的威力大到足以使敌人的头骨破裂。

前手拳 / 直拳击打技术

加强对前导手（臂力较弱的手）的训练可以取得显著的效果，有些格斗技术训练体系对此没有予以足够的重视。不管怎样，前导手更接近打击目标，可以快速到达攻击点，所以，前导手击打是非常有效的技术。比较而言，掌击的效果更胜一筹，但是，重拳击打也是不错的选择。

以防守姿势或者临战姿态进行前导手直接击打，可以在最短的出击线路内击中目标。出拳前不需要先将手臂回缩——在击打时来回伸缩手臂会极大地减缓进攻的速度，从而降低击打的效果。击打动作要快速轻巧，以肩膀和臀部的力量推动前导手出击。拳头落在目标上之后，迅速撤回手臂，恢复防守姿势，然后，进行

下一次的攻击。在击打过程中，士兵的身体处于紧绷状态，而在其他时候则保持放松的状态。

直拳是一种打击力非常大的击打技术，原则上来讲，掌击的效果最好。可以单独使用掌击技术，还可以在前导手击打之后，紧接着进行掌击。士兵还可以用前导手抱握敌人，把他拉过来进行击打。前导手出拳的时候，手臂要尽量放松，动作要迅速有力；在击中敌人要害部位的瞬间迅速发力，把力量集中到一点给予重击，然后，快速撤回出拳手，恢复临战姿态。还可以用前导手抱握敌人，用后手拳对他进行连续的近距离直拳击打；如果训练有素，直拳击打的效果几乎可以与威力强大的长拳相媲美。

直拳击打的力量并非来自手臂，而是要在出拳时，以后脚蹬地，推动身体，扭转腰胯部把身体的冲力与腰部的力量相结合，肩膀顺势前送出拳，把敌人打得踉踉跄跄，站立不稳。不过，直拳击打的目的不是让敌人打个趔趄，而是要以重拳把他的身体打垮。

下颌刺拳击打技术

下颌刺拳是一种对人体下颌部位进行自下而上击打的拳法，其击打的力量不仅可以传送到脑袋里，还会使敌人的头部猛烈地向后仰去，破坏他的实战姿态。在这个过程中，士兵主动向前冲击，趁着敌人有些发懵时，实施扭倒抱摔。

经常有人提到，以刺拳击打鼻梁部位有置人于死地的作用，事实上，那是完全不可能的事情。不过，刺拳击打可以给敌人带来巨大的痛苦，所以，即便这一拳没有准确地击中下颌，把敌人打昏，士兵仍然可以获得一些有利的战斗机会。

前手拳击打技术

　　可以用拳头，也可以用手掌进行前手拳击打。这种拳法不属于轻巧迅速的"刺戳式猛击"，它是随着身体重心前倾而进行的一种重拳击打。为了使每次出拳都能达到最大的击打效果，士兵会毫不客气地对敌人进行猛烈的击打。用前导手出拳时，士兵的身体呈防守姿势，用于击打的手臂不需要有回缩、挥动或者弯曲的动作，而是用手臂直接向敌人身体的中段进行击打，破坏他的攻击意图，为下一步用另外一只强势手进行更猛烈的击打做好铺垫。

直拳击打技术

直拳击打是指用后手拳对敌人进行直接击打，手臂不需要弯曲或者回缩。可以单独使用直拳进行击打，也可以用前导手把敌人紧紧抱握，把他拉近自己，再用后手拳进行直拳连续击打。大多数情况下是将前手拳击打和直拳击打相结合，在完成前手拳的击打动作、手臂拉回保护头部的时候，紧接着用后手拳对敌人进行击打。可以利用手指弯曲形成的指节膨出部位进行击打，也可以采用掌击的方式进行击打。

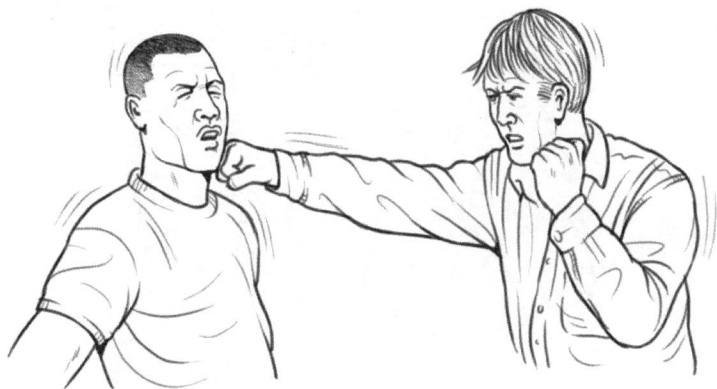

戳击眼睛 / 掌击技术

把前导手击打和直拳击打相结合而产生的变体就是用快速戳刺敌人眼睛的方式打乱他的攻击意图。紧接着用手掌击打他的下颌或者是头部的任何地方。

　　在遭遇眼睛被戳刺的时候，敌人可能会把头扭转到一边，这个时候，士兵如果继续动作将是非常不明智的——因为出拳手的指关节膨出部位可能会落在敌人的头骨上而导致骨折。可以用手掌进行直接击打，或者士兵可以跨步向前，以自下而上的方向，把敌人的头向上和向后猛推，迫使敌人仰面朝天，摔倒在地。

喉部击打技术和颈部击打技术

在军事徒手格斗技术训练体系中，对咽喉部位进行击打是最常见的击打技术。这不仅仅是因为咽喉部位是人体少数几个击打效果比较好的部位之一，还因为对咽喉部位的一记准确的重拳击打可以置敌于死地，即使没有达到预期目的，通常也会使敌人大声咳嗽或者是喘不过气来。敌人的咽喉部位被击中也会给其他准备进攻的敌人造成极大的震慑，使他们转入防御的状态。

"虎口"击打就是利用食指和大拇指之间的连接部位直接掐住敌人的咽喉部位。展开击打的时候，士兵的身体猛然向前冲击，用"虎口"迅速卡在敌人的咽喉部位，压迫他的气管和喉咙，使他陷入窒息状态。

指戳（在有些格斗技术训练体系中被称为长矛手）通常是指用伸直的手指戳击敌人喉结旁边的凹陷处。最好是用一只手把敌人抱握并拉近自己，另一只手的手指保持伸直并拢状态，用力戳击目标部位。

掌刀也是非常有用的击打武器，这种技术经常被误称为"柔道削击"或者"空手道切击"。掌刀攻击的目标通常是人体的颈部侧面，从头盔和肩膀的空隙处切入。咽喉和鼻梁也是理想的攻击目标。击打时，手呈长矛手状，但是着力点是手掌外侧，即手腕和手指根部、大拇指对面的部位。需要特别强调的是，出击时，手指要紧紧并拢，不要松开或者弯曲任何一个指头，否则手指会受伤。

身体打击技术

拳头是对人体比较柔软的部位进行击打的有效武器。不过，对于穿着较厚实的衣服或者是用防护服武装的敌人来说，这种击打方式的效果或多或少会不尽人意，有时候还会因为击打到坚硬的装备而导致手指受伤。但是，并不是所有的敌人总是全副武装，所以用拳头对身体柔软部位进行击打也是非常有效的攻击手段。

喉部击打技术和颈部击打技术

一种从正面攻击咽部的很好的方法就是"蹼状手"击打，用大拇指和食指之间的"虎口"部位作为发力点进行击打。这一记击打足以杀死敌人，或者至少可以使他出现暂时性的呼吸困难。手指绷紧，伸直的长矛手直接戳击喉结旁边的颈动脉窦（咽喉部位和颈部肌肉之间柔软的区域，保护颈部动脉），也会起到同样的击打效果。

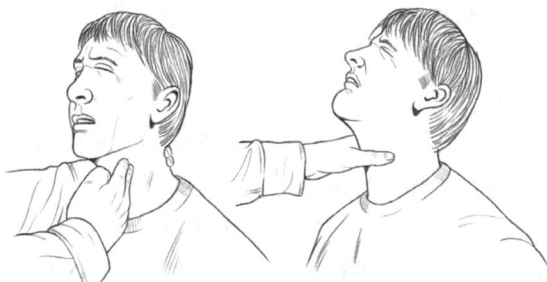

掌刀击打技术

掌刀可以用于击打颈动脉（见图示），导致敌人失去意识。如果敌人佩戴了头盔，把掌刀从头盔边缘和肩膀之间的空隙处切入。用掌刀对人体其他部位进行击打

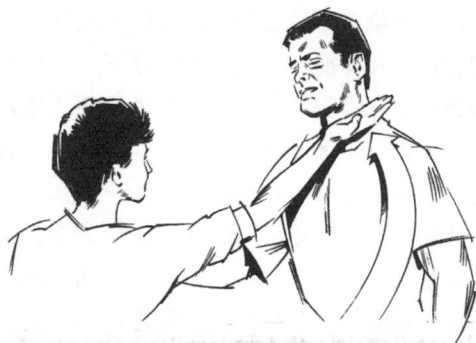

很少能起到如此好的效果。如果敌人所处的位置合适，位于头骨底部的延髓部位也是一个理想的适合于用掌刀击打的目标。

针对身体柔软部位的攻击，既可以采用直拳击打技术，也可以采用勾拳击打技术。如果是从侧面进行击打，拳头的出击线路类似铲挖的动作，从肋骨下面插入，击打膈和腹腔神经丛或者肾。如果可以的话，击打的方向应该稍微向上，以臀部和肩膀的力量推动身体向前冲击。用另一只手抓住敌人并把他拉近自己，可以起到更好的击打效果。

利用勾拳进行身体击打是指拳力以旋转的方式发出。出拳的时候，手臂沿着水平方向进行短线弧形出击——手臂朝上或者朝下出击都会减弱击打的强度，拳劲源自肩腰拧转，配合重心调整，腿部蹬地给予力量支撑，臀部和肩膀推动身体前冲，把全身的力量集中于拳锋击打敌人。对头部的勾拳击打也采取这种方式，不过，勾拳击打头部并不是军事格斗技术中的主要攻击手段，因为，用握紧的拳头击打头部，有可能导致手部受伤（尤其是攻击头部佩戴头盔的敌人时）。

这两种身体击打技术都不能保证一击取胜，但是，它们可以在一定的程度上削弱敌人的战斗力，对最后的胜利起着至关重要的作用。

杯状手击打技术

杯状手的击打原理类似于勾拳击打，实施击打时，手不是握成拳头状，而是呈半张开的状态。着力点不是手指——指关节有骨折的危险——而是手掌根部多肉的部位。理想的击打目标是耳根下面的下颌部位，正好位于敌人头盔边缘的下方。拳头落到目标上的时候，士兵的手指正好避开击打面，沿着敌人头部曲线扣在他的头骨上，从而避免了因为碰到坚硬的头骨而导致手指受伤。

对头部任何部位的击打，只要力度足够大，都有可能导致敌人陷入昏迷。击打颧骨部位或者太阳穴，有可能导致大部分敌人毙命，或者至少可以把他们打昏，为后续的击打创造良好的机会。其实，用握紧的拳头对头部进行击打，稍有失误就可能导致手指受伤，而利用掌击则可以减少这种事情的发生。

身体打击技术

对人体肋骨下面腹腔神经丛的正面击打可以直接置敌于死地。出拳时，手掌向上，做向上铲击的动作，或者是把握紧的拳头竖起来，进行连续的击打（见图示）。击打线路稍微向上的效果远远比向下击打要好得多。

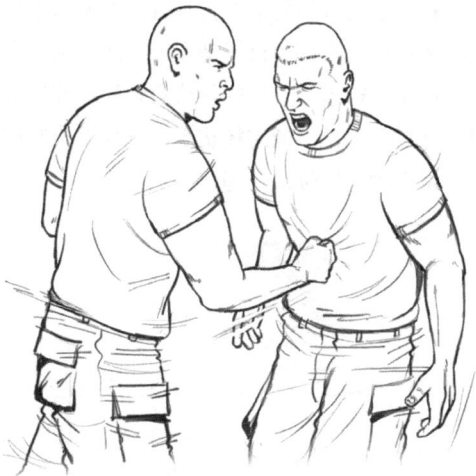

以勾拳击打肾所在的位置（见图示）也有可能削弱敌人的力量，可以用来破坏敌人的防守姿势。

杯状手击打技术

　　杯状手击打与勾拳击打有着相类似的击打线路，不过杯状手击打的效果更好。击打的目标是耳根下面，用拇指相对的手掌根部的 L 形多肉部位进行击打。目的是给敌人的头部造成最大的钝力伤。无论针对头部哪个部位，使用杯状手击打都不会造成手指受伤，所以并不需要非常准确地定位击打部位。

　　即便没有准确地击中目标，只要把敌人打得失去了知觉，士兵就算是取得了决定性的胜利。如果士兵的拳头砸在了敌人的头骨上，可能会导致他的手指严重受伤而不能使用武器。

　　使用杯状手直接击打耳朵部位与使用拳头击打不是一个概念。杯状手击打是一种有效的战略手段；利用比较深的杯状手直接扣在敌人的耳朵上面，会产生强大的空气压力，把他的耳膜撕裂。

　　总之，杯状手击打技术一般来说更有用，因为即便没有准确地击中目标，也会产生一定的效果。

　　用手腕内侧进行击打类似于用杯状手进行击打。不过，是用拇指一侧手腕上的硬骨部位而不是手的其他部位进行击打。一般来说，击打目标是头部的侧面，并且经常伴随着把手臂环绕敌人头部实施头锁的技术动作。

防守型肘击技术

后扫肘击打并不能够让战斗立刻结束，但是可以用来挣脱敌人的控制。这一击打技术可以让预期的受害者逆转不利的局势，抓住从击打中获得的有利时机进行反击。

进攻型肘击技术

在任何近距离的格斗中都可以利用肘击技术进行攻击。肘击技术的主要击打目标是头部，不过对身体其他要害部位的击打也会起到很好的效果。大部分的肘击动作都是呈曲线运动的；手臂向上、向下，或者向内进行击打，也可以利用肘部对敌人的背部和侧面进行直接的击打。

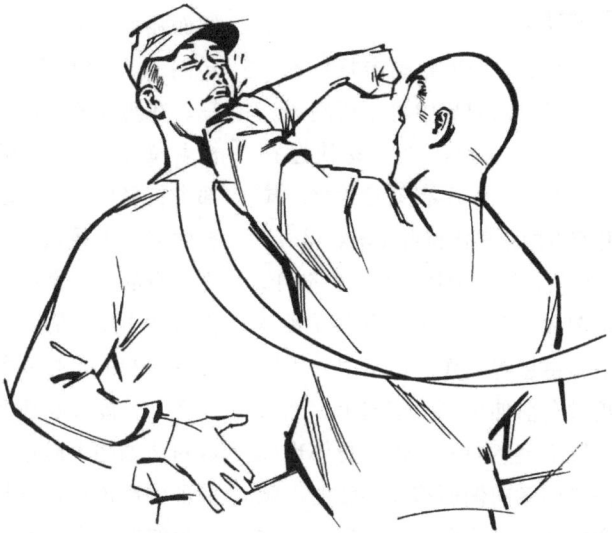

肘击技术

肘击属于近距离击打技术，不过用在白刃战中也不成问题。参战双方的距离很容易快速拉近，即使他们没有刻意为之。拉开双方的距离比拉近要困难得多。

后击肘一般用于自卫性防守，防御敌人对自己实施抱握或者是掐脖窒息等动作。出击时，手臂稍微向前伸出，手掌向上，然后用肘部突然向后猛击，身体也许需要稍微向侧面移动，使肘击顺利实施。无论在什么情况下，重要的是在完成肘击动作后，要尽快转身面向敌人。

下击肘的实施与后击肘有着相同的原理，但是在实施之前，手臂要稍微向上抬起，而不是向前伸出，接着肘部向下猛击。利用这一技术击打身体向前弯曲的敌人，能够起到与击打腹股部位同样的效果，士兵也可以在位置高于敌人的情况下使用这项技术，比如在地面战中就可以利用下击肘技术对付敌人。与敌人进行近距离直立战斗的时候也可以使用下击肘技术击打敌人的锁骨部位。

推击肘是把肘部向敌人身体侧面强力推击，很明显，把身体转向敌人的侧面更容易瞄准目标。在实施的时候，把手臂弯曲横着拉向身体的一侧，接着用肘部击打目标。为了取得理想的击打效果，士兵在出击的时候，要把全身的力量集中于肘部，增加击打的力度。肘骨蜂部位是非常坚硬锐利的击打武器。推击肘是少数几种能够在任何情况下都可以对诸如胸大肌这样有着大块肌肉群的部位进行击打并产生良好效果的击打技术之一。

前击肘是把手向上抬起，手臂用力向前推，好像士兵要抬手给耳朵挠痒痒一样。正如其他大部分的击打技术一样，前击肘的力量主要来自于肩膀和臀部向前冲击的力量。前击肘属于近距离的击打技术，主要用于为自己开拓更大的空间。如果肘部是旋转向上而不是向前出击，那么对敌人下颌的冲击力足以使他直接倒地。

横击肘是肘部沿一条弧线向内推击，对头部和身体的击打非常有效。要取得最好的击打效果，

腹股沟踢击技术

　　军事格斗技术训练体系通常包括对腹股沟部位的踢击技术，就是利用军靴的靴尖对腹股沟进行踢击。不需要担心有靴子保护的脚会受到任何伤害，即使没有踢中腹股沟部位，而是踢中了大腿或者腹部，其冲击力也足以给敌人造成很大的伤害。

士兵可以转动手臂，把手的背部朝向自己，拇指指向地面。肘部以旋转的方式击中目标。

横击肘往往用于对付已经被抓住的敌人。比较好的做法是，一只手抓住敌人头部的后面，用另一条手臂的肘部重击他的头部。可以连续进行击打，或者士兵可以在实施肘击之后，再用双手把敌人的头部紧紧抱住，对他展开膝击。

用腿进行击打

人的双腿非常有力，不过用腿进行攻击也有其不利之处。一条腿离开地面抬起的时候，就会破坏人体的平衡，使人站立不稳，特别是当士兵身负厚重的武器装备时更是难以保持平衡。不过对付身穿防护服的敌人，或者是敌人的武器装备使其他的击打技术不方便实施的时候，有时踢击可能是唯一有效的攻击手段。巨大的冲击力将穿透大部分的防护装备给敌人造成伤害，不管怎样，通常是踢击目标的腿部很少受到防护服的保护。

军事格斗技术训练体系一般不提倡使用高位扫腿技术。其中大部分的踢击技术都是针对腿部或者身体，要不然就是针对倒地敌人身体的任何部位。许多武术专业人士都是不穿鞋袜进行踢击，并且花费相当多的时间训练他们的学生如何在不穿鞋袜进行踢击的时候，避免对脚造成伤害。士兵只要记着穿上靴子，就不需要操心诸如将脚趾向内弯曲以避免受伤之类的细节。在近距离格斗中，靴子是士兵最好的武器之一；被击倒在地的敌人很容易被靴子踢击。

足尖刺踢技术

足尖刺踢是指用靴子的靴尖部位进行踢击，可以用来踢击任何处于较低位置的目标。腹股沟部位是理想的踢击目标，可以采取足尖向上摆动的动作进行踢击。也可以用脚背进行踢击，不过用足尖踢击能够造成更大的伤害。其他的踢击目标包括胫骨或者膝盖，以及踝关节等部位。沉重的靴子可能会踢碎敌人的踝关节，不过即便没有造成骨折，也会引起剧烈的疼痛，导致敌人站立困难。

胫骨踢击技术

用靴子的侧面扫踢胫骨会让人非常痛苦，可能导致敌人的身体失去平衡。它可以为实施扭倒抱摔技术做好准备，利用踢击的推进力和敌人因为疼痛而不自觉的退缩行为，从敌人两腿间把他的一条腿踢得离开地面。敌人的身体会因此失去平衡，很容易就能把他扭倒在地。

侧踹技术

运用侧踹进行攻击，其技术难度相当大，对准确性的要求也比较高，而且实施这一攻击技术需要足够大的空间，所以，并不是所有的军事格斗技术训练体系中都会使用侧踹这种踢技。不过，侧踹的冲击力非常大，甚至可以把敌人踢飞。侧踹是直线性腿法，攻击动作要求身体、髋部、腿和足跟呈一条直线，不能有任何弯曲；否则，就会削弱踢击力度，甚至完全失去攻击效果。实施这一技术时，士兵朝向敌人上步，身体转向侧面，抬起离敌人最近的一条腿，膝部提高到胯部以上，把腿平直推出去，脚后跟朝向敌人，好像要用脚后跟踢击。侧踹时，将全身的力量放在踢出的腿部，可以取得最大的攻击效果。

足尖刺踢使用起来比较灵活，换言之，可以在士兵与敌人之间没有身体上的接触的时候加以运用，也可以把敌人抓住之后，对他的小腿部位进行踢击。如果是这样的话，足尖刺踢往往被作为扭倒技术的一部分来使用；把敌人的一条腿踢开，把他的身体拽倒在地。以这样的方式用靴子的侧面进行扫踢，效果也非常好。

前踢技术

前踢是一种腿部直接向前踢出的有着强大推进力的踢技。通常由后腿蹬地，在踢击的过程中获得很大的推进力。进行前踢的时候，踢击腿不能摆动；膝盖抬起，腿向正前方踢出。通常来说，踢击的着力点是脚前掌前部，但是因为穿了靴子的缘故，就不能进行严格的限定了；士兵甚至根本注意不到他到底是用脚掌还是用脚尖踢中了敌人的身体。

一般运用前踢对敌人的腹股沟部位或者下半身进行攻击，可能导致敌人身体向前弯曲或者向后倒退。前踢还可以用来把紧闭的门踹开或者踢开其他的障碍物。运用前踢进行攻击，尤其是要把一扇后面藏着歹徒的门踹开的时候，一定要把臀部重心下沉，腿部向前用力推出，这样才能最大限度地发挥前踢的威力。

扫踢技术

扫踢是非常强有力的，可是要想正确运用，需要掌握一定的技巧。通常用后腿蹬地，以获得最大的冲击力。

士兵必须转动前脚，脚尖指向踢击方向，接着，在抬起踢击腿的时候，身体转向那个方向，臀部翻转以使膝盖朝向即将击打的目标。紧接着，踢击腿挺直，以弧线加速下踢，以脚背至小腿胫骨为受力点踢击目标。

有的武术专业人士以一种轻轻抖动的方式把腿踢出，踢击到位后，迅速把腿从目标处收回，顺势着地。在军事格斗技术训练体系中，踢腿的力度要大得多，踢出去的腿被敌人的身体阻挡而弹回，踢击完成之后，顺势把脚放回地上。这就使士兵站在距离敌人非常近的地方，在这样的位

扫踢技术

扫踢是指把腿抬起径直向前踢去，而不是试图把腿向上摆动以弧线踢出。通常以后腿支撑发力，伴随着身体的拧转把腿踢出去。踢击的发力点是小腿胫骨到脚背部分，靴子的质量也加强了踢击的力量。士兵并不是把腿猛然伸出去，然后再把它缩回来；而是用力把腿踢出去，利用敌人的身体阻挡踢出去的腿。也可以以这样的方式把腿踢出去，腿稍微向下踢中目标。

从地面进行踢击的技术

　　倒地的士兵要尽快站起来投入战斗，不过也许他更有必要首先应对敌人的攻击。因为，当敌人的击打如雨点般落下来的时候，试图站起来是不太可能的事情。

　　士兵应抬脚对准敌人的膝盖或者腹股沟部位展开踢击。对敌人腿部任何地方的猛踢都能够把他踢开，或许还有可能把敌人踢翻在地，为自己创造一个站起来的机会，重新投入战斗。

置，他可以利用肘击或者膝撞的方式来结束战斗。扫踢经常用于对身体的攻击，不过也可以用于对腿部的攻击。在这种情况下，踢击腿应该稍微向下击中敌人的腿部，使敌人的两条腿弯曲，最好能够把他踢倒在地。

或者也可以用大弧度膝撞技术进行攻击。其操作原理与扫踢一样，不过腿不是伸直向前，而是用膝盖以弧线撞击目标。

踩踏和冲踢技术

最基本的腿法攻击就是对倒地的敌人进行踩踏。也就是把腿直接伸出去，用脚后跟踩踏目标，最好用其对付已经倒地的敌人。踩踏的目标包括头部和躯干，也可以对手腕和踝关节进行踩踏，使敌人失去活动的能力。在站立的姿势下，还可以踩踏敌人的脚部。

同样的踩踏行为是被很多武术专业人士称为侧踹或者冲踢技术的基础，顾名思义，把腿向敌人的侧面踢出，可以沿水平方向踢向敌人的身体，也可以向下踢击敌人的腿部。一般来说，后者

效果更好。

对腿部的攻击最好是从侧面进行，不过从正面对膝部进行踩踏更容易把腿踢断。进行踩踏的时候，士兵抬起膝盖，猛烈地把脚踩到目标上，把全身的力量都放在踩踏的脚上，用力踩踩，确保敌人受到最大程度的伤害。应该把腿直接踏在敌人身上，就像扫踢一样，不要收回踩下去的脚。踩踏的力度要大，要让踩下去的脚落到敌人身体上的时候受阻弹回，而不是把它抽回来。

侧踹技术

侧踹技术被用于某些军事格斗技术训练体系中，具有非常好的攻击效果，不过，实施的时候需要有足够大的空间。利用侧踹进行攻击的时候，士兵朝着敌人跨步向前，然后把身体转向侧面，抬起任意一条距离敌人最近的腿，膝部提高到胯部以上，把腿平直推出去，脚后跟朝向敌人，好像要用脚后跟进行踢击一样。侧踹是腿部从身体侧面进行踢击的直线性腿法，其动作要求身体、髋部、腿和足跟呈一条直线，不

膝击技术

　　在任何地方都可以实施膝击技术。对身体进行有效的膝击有可能直接结束战斗，特别指出，对腿部进行膝击也是非常有效的。一个腿部受伤的敌人将失去走动或者有效进行战斗的能力，如果继续对他进行更多的打击，或者把他扭倒在地，就可以迅速结束战斗。

能有任何水平或者垂直的弯曲；否则，就会削弱其踢击力度，甚至完全失去攻击的效果。在地面战中，可以利用踩踏式的踢技进行自卫反击。仰天躺在地上的士兵把腿奋力踢向试图靠近自己的敌人，目的是踢伤他的膝关节。如果他站在敌人的侧面，可以把腿抬到比较高的位置，对敌人进行侧踹，使敌人双腿受伤，站立不稳而摔倒在地。

膝击技术

膝击是近距离格斗中一种不需要很多技巧的强有力的击打技术。随时可以使用膝击技术进行攻击，不过，最好是在把敌人抓住的时候使用。一般来说，膝击的目标主要是腹股部、下半身或者腿部，不过，如果敌人身体向前弯曲，也可以对他的头部展开膝击，把他杀死。

在试图用手铐铐住或者控制一个拼命挣扎的嫌疑犯的时候，对他的大腿进行突然而猛烈的膝击往往作为拘捕与扣押技术的一部分来使用。突如其来的疼痛和身体失去平衡能够让嫌疑犯注意力分散，使士兵或者警官有机会把他的双手控制，对他实施控制性抱握，或者给他戴上手铐。这一攻击原理也可以运用于近距离的立式缠斗，即对敌人进行膝击，把他制服，或者给他的腿部造成伤害，使他失去行动的能力。

我们在前面已经讨论过了大弧度膝击技术的使用。简单的膝部直接撞击是人类能够进行的大多数本能动作之一。膝击时，只需要把腿弯曲，膝盖抬高，并没有其他特别的技巧要求。当然，用膝部进行攻击必须快速猛烈，根据攻击目标的位置不同，有的膝击方向是向前的，而其他的则是朝上的。

给特种兵的建议：用什么手段赢得胜利并不重要！

职业拳击手关心的是比赛的规则，而士兵关心的则是如何生存下去。只要能够在战斗中获胜，无论使用怎样卑劣的手段都不会受到惩罚；事实上，这样做还有很多好处，如你还活着。

咬耳朵技术

　　有时候战局失去了控制，试图对敌人进行击打可能变成了与敌人的摔跤比赛，在这种情况下，士兵就需要想办法让自己从这种缠斗中解脱出来。采取诸如用嘴去咬敌人身体某个部位的手段也许看起来有点"不择手段"，却让士兵有机会创造一定的空间对敌人进行强有力的拳击，或者可以让士兵从不利的战局中逃离。士兵必须清醒地意识到敌人也不会进行完全公平的战斗。避免被敌人咬住的一个行之有效的办法就是尽量不要陷入与敌人的缠斗之中。

　　在缠抱姿势下进行膝击或许效果最好。最好是在双手抱头式缠抱的情况下展开这种形式的击打。士兵用双手紧紧搂抱敌人的头部，把他用力拉向自己，同时把他的头用力向前向下按压，膝部抬起撞击他的面部或者身体的其他部位。在其他的位置上也可以进行膝击。举例来说，在地面战中就可以使用膝击技术展开攻击。

头锤技术

　　头锤是近距离格斗中最常用的一种攻击技术，在进行头锤的时候，士兵能把敌人拉到可以进行头锤击打的位置，或者把他控制住，使他失去行动的自由。

　　对一个佩戴头盔或者装备了其他防护服的人进行头锤是非常不明智的，因为这可能导致自己受伤，不过，这一战术偶尔也会成功。

　　实施头锤的时候，身体的重心向前下沉，用眉毛斜上方头顶的两个边角撞击敌人。简单地说，只要能够撞到敌人眼线下面的任何位置，都可以给他造成严重的伤害。

　　为了保证能够从被抱握或者是被控制的情况中挣脱出来，展开向后或者是向上的头锤也是可以的。

头锤技术

　　无论如何，实施头锤技术始终是有一定风险的，不过它能够产生出乎意料的攻击效果。有时候它是唯一可以生存下去的选择。重要的是要避免与敌人前额对前额的撞击，否则会使敌我双方都受到同等的伤害。相反，要用头顶的两个边角撞击敌人脸部比较脆弱的部位，比如鼻梁或者颧骨等部位。不要毫无准备地突然用头进行撞击，与他的身体相比，最好把敌人的头部按住不动，以全身的力量加上头部的冲击力去撞击敌人。

缠斗技术可以提高士兵的战斗能力，扩大对他有利的选择范围。

4 缠斗技术

虽然缠斗并不是大多数格斗者的首选，但是在变幻莫测的形势下，掌握扎实的缠斗技术对提高格斗的有效性是非常必要的。

在生死攸关的情况下，同时与多个敌人战斗是有可能的，在缠斗中被控制是非常糟糕的事情。不过缠斗为士兵或者警官提供了很多的选择机会。在威胁不大的环境下，嫌疑犯或者被夺取了自由的敌人可以被扣押和俘虏或者是从一个地方被驱逐出去。在部队守卫一个军事基地的时候，这是非常重要的。各种各样的人也许会为了不同的理由而试图进入军事驻地，并不是每个人都会进行蓄意的破坏或者实施暴力。

对持有枪械或者携带炸弹的恐怖分子进行射杀或者加以控制是合理的保卫措施，但是对于只是想得到有关方面回应的抗议者，或者危险程度较低的不速之客，例如，窃贼或者是狂热的新闻记者等人，则需要采取别的应对措施。如果可以的话，最好采取暴力级别比较低的措施来制服不速之客，让他们无功而返。

抓住机会捕获敌人

这同样适用于试图拘捕嫌疑犯的警官和军事人员。重要的人犯要留有活口，以便从他们那里获取必要的情报，或者移送到司法部门对他们所犯的罪行（例如，反人类罪或者恐怖行为等）进行审判。

有时候，部队和防暴警察会把"围捕行动"变成对暴乱分子头目的拘捕。这种抓捕是非常危险的。

缠斗技术之所以重要还可以从其他方面显示出来。它可以教会士兵如何应对被抱握的情况，被抱握是近距离格斗中经常发生的事情。无论在什么时候，如果有人试图把士兵抓住并控制，而他却很无助地放弃了反抗，那么，世界上最有用的击打技术就被白白地浪费了。缠斗技术可以让士兵从被抱握的情况下逃离，它们还可以用于提高击打技能。

精通格斗技术的格斗者可以把缠斗技能和其他击打技能巧妙地结合起来，给敌人造成严重的伤害。面对一个不断移动身体的敌人，很难对他进行致命的打击，但是经验丰富的缠斗者能够从合适的位置对他进行击打，给他造成最大限度的伤害。作为选择，他也许能够使用他所掌握的技能打断敌人的四肢，解除其武装，或者把他打倒在地，使他暂时失去战斗能力——如果有必要，可以用军靴把他踢击致死。

头部缠抱技术

如果敌人的头部被控制，必然会限制他身体的活动，尤其是在他无法摆脱控制的时候。头部缠抱技术通常用于对身体或者头部进行膝击。后者实施起来可能比较困难；如果敌人一直进行抵抗，要想把他的头部拉低到可以用膝部撞击的程度是比较困难的。身体击打相对来说比较容易做到。

通常用两只手实施头部缠抱，不过，用一只手也是可以的。两种缠抱的原理是一样的。士兵把一只手掌拱成杯状环绕敌人脖颈的后方，肘部用力下压，防止敌人身体下蹲，并向后挣脱缠抱。

实施单手缠抱（也被称为抱颈）的时候，必须配合使用其他的击打技术，不然的话，敌人很快就会从缠抱中逃脱。

为了使缠抱更牢固，士兵可把另一只手放在先前缠抱敌人脖颈的手上，把敌人的头部向下拉靠到自己的肩膀之上，破坏他的战斗姿势，使他难以进行反抗。此时，士兵的肘部保持向下的姿势，防止敌人从缠抱中逃脱。

双手头部缠抱技术

双手头部缠抱技术（经常指泰式钳头，因为这种手法被广泛用于泰拳之中）往往适用于拖着敌人到处走，使他无法保持身体

头部缠抱下潜摔技术

头部转到哪个方向，身体也必然随之而动。把敌人的头部用力向下拉是非常有效的控制技术。为了取得最好的效果，士兵可以对敌人的身体展开几次猛烈的膝击，然后把他面部朝下摔倒在地。

的平衡，失去方向感，在这个时候可以对他的身体进行膝部撞击。

此时，一记重击足以让敌人身体弯曲，失去抵抗力，随后，可将其击倒在地。

有两种从头部缠抱实施的摔法。第一种被形象地称为"颜面炸弹摔"。士兵两脚向后撤步，抱住敌人的头部向前拖拽并向下按压。当敌人的身体向前倾倒、站立不稳的时候，士兵顺着敌人向前倾倒的惯性把他的头部向下抛掷，其摔倒的位置大约位于士兵向后撤步之前双脚所站立的地方。敌人面部朝下狠狠地撞到地面上。

在第二种摔法中，士兵一只脚（任意一只脚）向后撤步，把敌人的头部向前拖拽，向下按压。接着，士兵围绕那只没有移动的脚旋转身体，以全身的力量而不只是手臂的力量拖拽敌人跟着自己旋转。

放弃缠抱的战术

一般来说，士兵成功实施对敌人的缠抱之后，就可以把敌人杀死，或者进一步采取扭倒抱摔的技术。不过，有时候放弃缠抱可能更有用。试图撤出战斗会造成对自己不利的后果，有可能导致被动挨打，所以有时士兵会突然放开缠抱的双手并立刻展开一连串猛烈的击打。

在准备放弃缠抱的时候，士兵突然把两只手插入敌人肩部衣服的褶缝里，把敌人向后推压。行动时，后脚蹬地，以全身的力量向前冲。如果实施成功，敌人将因为遭受突如其来的冲撞而踉踉跄跄地向后退去，为了保持身体的平衡，他会把双臂大力张开，

这就给士兵制造了对他实施进一步击打的机会。士兵趁此机会向前上步，对敌人的头部进行猛烈的掌击，紧接着展开其他的击打。如果敌人向后退得太远，超出了士兵手臂击打的距离，可以取而代之采用前踢技术对他进行踢击。放弃缠抱是一招非常有效的以退为进的格斗技术，尤其是因为缠抱而连累到自己的同伴，或者使他撞到障碍物上的时候。放弃缠抱，转而寻求其他的攻击方式，有利于变被动为主动，扭转对自己不利的战局。

手臂控制／手臂缠抱技术

手臂控制／手臂缠抱技术主要用于把敌人的击打手臂和他可能持有的任何武器控制住，通常用于采取防御行动之后，诸如防御或者扼制勾拳击打等。敌人的来拳一击中士兵的防守手臂，士兵就"如蛇爬行般"把它缠绕，将敌人的手臂紧贴着自己的身体牢牢锁定。士兵最好把前手臂从敌人的肘部后面绕过去，防止敌人把手臂直接抽回去。

也可以用进攻的方式实施手

夹头摔

实施夹头摔或多或少出于某种偶然的机会，在一个格斗者把另一个格斗者的头部抱握，试图把他控制住的时候就可以使用夹头摔。以这样的身体姿势，就可以抬起膝盖撞击对手的头部，或者腾出一只手对他进行连续的击打，在这种情况下，对手很难进行反击。当敌人向前倾倒的时候，士兵突然放手，把他抛掷到地上。敌人仰面朝天，摔倒在士兵的脚边，在这种情况下，他就变成了一个很容易被攻击的目标。

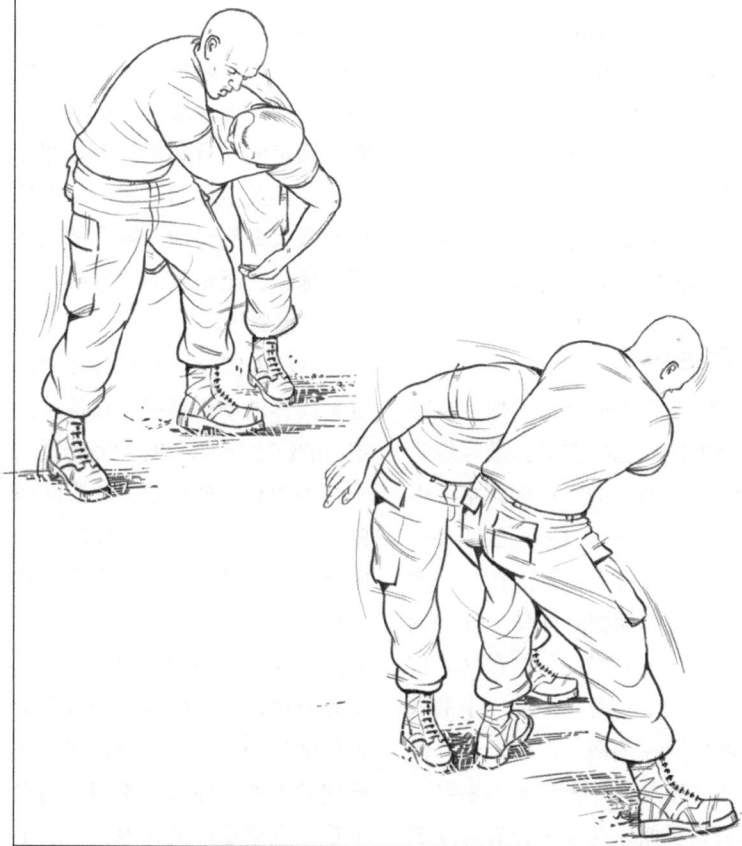

臂缠抱技术；在这种情况下，士兵弓步向前，在敌人开始动作之前把他的强势手（通常是右手）控制住。无论用什么方法进行缠抱，士兵都有很多机会使用他的另一只手对敌人进行攻击。他可以用单手抱颈的技术抱握敌人的头部（见上文描述），在把敌人的一条手臂缠抱的同时，把他的头部用力向下拉。从这种情形下对敌人进行膝击是一个不错的选择。或者，士兵可以用另一只自由的手对敌人进行连续的击打。这时，用手掌的虎口部位掐卡敌人的咽喉部位也是可行的。

扭倒抱摔的选择

如果需要进行扭倒抱摔，有三种很好的选择方案。最容易实施的是外围扫荡腿扭倒技术（也就是从后面用扫荡腿把敌人绊倒）。这种技术主要是在士兵为了进行防御而把身体稍微移动到敌人侧面的时候使用。在这个位置上，士兵的两只手都位于敌人头部的同一侧面。他用位于外侧的手把敌人的出拳手臂缠绕锁定。另一只手抓住这条手臂肩膀处的斜方肌部位，把前手臂抬高抵在敌人的下颌处；或者把另一只手放到敌人的脸上，向上后方推压，迫使敌人的头部向后仰去。

把敌人的头部向后推压的同时，士兵向前迈步，把一条腿伸入敌人的两腿之间，用力扫踢敌人的一只脚。一般是扫踢敌人出拳手同一侧的脚。敌人因为头部被向后推压和脚被向前扫踢而被推倒在地。士兵还可以把敌人被缠绕锁定的手臂猛地向上托起，试图使其关节脱臼，这一动作足以使敌人晕头转向，被重重地摔倒在地，甚至把他的手臂折断，从而结束战斗。

对敌人实施内侧扫荡腿动作也是同样的动作路线，只是从更中心的位置开始行动，也就是说，士兵的两只手伸到敌人的头部两侧。把敌人的手臂以同样的方式固定，以同样的方式向后推压敌人的头部。士兵把自己的一条腿插入敌人的两条腿之间，而不是从外侧绕过去，把敌人离自己最近的那只脚勾住并进行扫踢，这将使敌人的身体失去平衡，站立不稳，重重地摔倒在地。不过士

手臂缠抱技术

　　并不是所有的缠抱技术都是针对头部实施的。在试图实施扭倒技术，或者"变换"到更好的抱握体位之前，把缠抱敌人的一条手臂使他靠近自己作为控制敌人的手段是很有效果的。

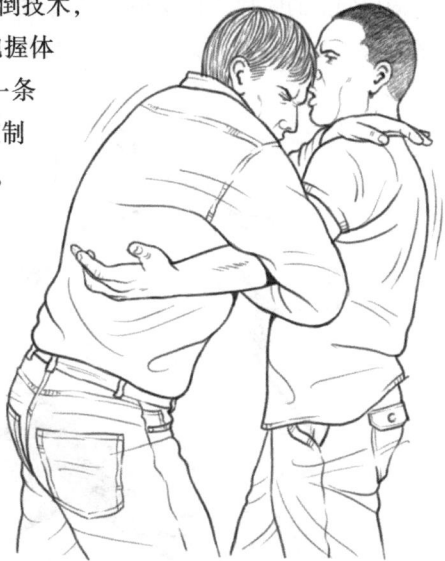

兵自己也有被拖住随敌人一起摔倒在地的危险。如果发生这样的事情，士兵最好的选择是设法使膝部向下，撞向敌人的裆部。

　　除了实施外侧扫荡腿，士兵还可以用力把敌人的一条手臂猛然向上拍击，身体迅速下蹲，从敌人的手臂下面快速穿过。此时士兵就会出现在敌人手臂的后面，在这个位置上，士兵的一条手臂

从敌人肩膀的一侧伸到他脖子的前面，手肘弯曲，把他的脖颈抱住，用手腕内侧多骨的地方用力压迫他的颈部动脉。另一只处于外侧的手从敌人肩膀的另一侧伸出，抓住自己箍着敌人脖颈的那只手或者手腕，用力拉紧。头部抵住敌人的肩膀起保护作用。

　　这就是扼喉窒息技术的应用，这种技术可以使敌人陷入昏迷，

两点式扭倒抱摔技术

　　大部分扭倒抱摔技术都运用了同样的两点式原理。敌人的上半身被迫向后仰倒的同时，腿部却被向前扫踢。他也许只能够应付一个部位的攻击，无法上下兼顾，否则，就会被重重地摔倒在地。

甚至把他杀死，而且还令人非常痛苦。为了使敌人始终处于被控制的状态，同时又不至于给他造成伤害，扼喉的强度可大可小，可以根据需要随时调整。作为选择之一，还可以使用类似于在头部缠抱的状态下实施扭倒抱摔所进行的身体旋转动作，把敌人狠狠地摔倒在地。此时，外侧的脚必须向后移动，就像士兵的右手环绕敌人的脖颈实施扼喉窒息一样，他必须以逆时针的方向旋转身体。

士兵在旋转身体的时候，用双手的力量和身体的全部力量拉着敌人向下旋转，当敌人站立不稳、身体开始倒下的时候，士兵放手，利用惯性把敌人摔倒在地，敌人可能会仰面朝天，背部着地，也可能是身体的侧面着地，处于很容易被杀死的境地。如果士兵保持对敌人手臂的抱握，那么他将随敌人一起倒下，处于可以进行扼喉窒息的主动位置。不过，在战场上这么做不明智，最好的选择是把敌人摔倒在地上之后，紧接着对他进行猛烈的连续击打，而不是陷入与他的缠斗之中。

关节锁定技术及其破坏手段

武术中大多数被称为"锁技"或者"制服"的技术都是通过把关节掰得超出其正常活动范围来达到毁坏关节的目的。在小心控制这些技术的使用力度的前提下，可以用它们来控制对手。在体育比赛中，可以使对手输掉一个回合，或者把他踢出局，使他"拍垫认输"。这些技术所造成的剧烈疼痛和损害关节的威胁足以让使用者能够成功地把对手控制住。这些技术适用于在执行逮捕任务的时候牢牢地控制住俘虏。

不过，在开放式的格斗（比如战争）中，关节锁定技术主要用于把敌人置于容易受攻击的劣势境况，或者折断他的四肢。在第二种情况下，要快速而有力地对敌人的关节实施锁定技术，以最大的强度摧毁敌人的关节。这样做的好处就是可以使士兵不会陷入与敌人的缠斗之中，顺利转向对下一个目标的攻击。

同样的技术可以被警察和军事人员运用于各种各样不同的目的。二者使用过程中唯一的不同

外侧扫荡腿扭倒技术

外侧扫荡腿扭倒（或者称后腿绊人）有很多操作方法。比如，在敌我双方缠斗在一起的时候，士兵用力向后推压敌人的头部和上半身（A），使他的身体失去平衡。然后，一条腿从敌人的侧面绕到他身体的后面，插入他的两条腿之间，用力把他的一只脚踢飞（B），与此同时，把敌人的上半身用力下压，把敌人推倒在地（C）。

A

B

C

站立扼喉窒息技术 / 向外旋转扭倒技术

　　士兵用手腕内侧箍住敌人的脖子，用力压迫，对他实施残酷的扼喉窒息技术。敌人也许会因此而"窒息身亡"，或者突然被士兵扭转身体，然后摔倒在地。

之处在于武力的强度和实施的程度。一个挣扎着想从关节锁定的控制中挣脱出来的人有可能会毁坏自己的关节，使自己被杀死。

手腕锁定技术

手腕锁定技术主要用于解除敌人的武装，或者控制敌人以便把他逮捕。在面对面的直接交锋中，其效果远不像许多武术专业人士所认为的那样显著。在格斗中，要想抓住敌人的手腕几乎是不可能的事情，而且很多潜在的技术应用无法实施。无怪乎以色列搏击术的创始人形容手腕锁定技术是花里胡哨、华而不实的技术。

手腕锁定技术属于"如果机会自己送上门"才可以实施的技术。如果手臂先被控制，那么可以把手腕牢牢抓住，实施手腕锁定技术。有时候敌人对士兵实施抱握技术，反而给士兵创造了对其实施手腕锁定技术的机会。这种机会偶尔会出现在场面混乱的搏杀中。如果是这样的话，这项技术就可以被采用以充分发挥其所有的作用。不过总体说来，手

腕锁定技术属于成功率相对较低的战术，不能作为士兵格斗战术中的首选。

手腕向内锁定技术

手腕向内锁定是指抓住敌人的手腕向内弯曲，使大拇指指向下方，手腕无法进一步弯曲。然后，士兵尝试用力压迫手腕，把它以靠近手腕突出的大骨头为原点进行扭转，好像要设法把敌人的小指头插入他的鼻腔内一样，与此同时，把敌人被抓住的手用力推向他自己，增加锁定的效果。

大部分敌人对于手腕被锁定的反应是不由自主地向下蜷缩身体，试图减轻痛苦。这就把他们自己的头部和胸部暴露于士兵的膝击之下。不过，要维持这样的体位比较困难，除非紧接着对敌人实施其他技术的攻击，不然的话，他们通常也有可能逃脱控制。当敌人处于其他体位的时候，也能以这样的方式对他进行手腕锁定，举例来说，当嫌疑犯面部朝下趴在地上、需要给他戴上手铐的时候，就可以实施手腕锁定技术。

手腕锁定技术

　　通过把手腕向相反方向弯曲，就好像要把手掌推到大拇指的上面，或者把手腕扭转得好像要把大拇指推到小拇指现在的位置一样，可以进行手腕锁定。不过，在战斗中，能否成功地控制住敌人的手腕，始终是一个值得探讨的问题。

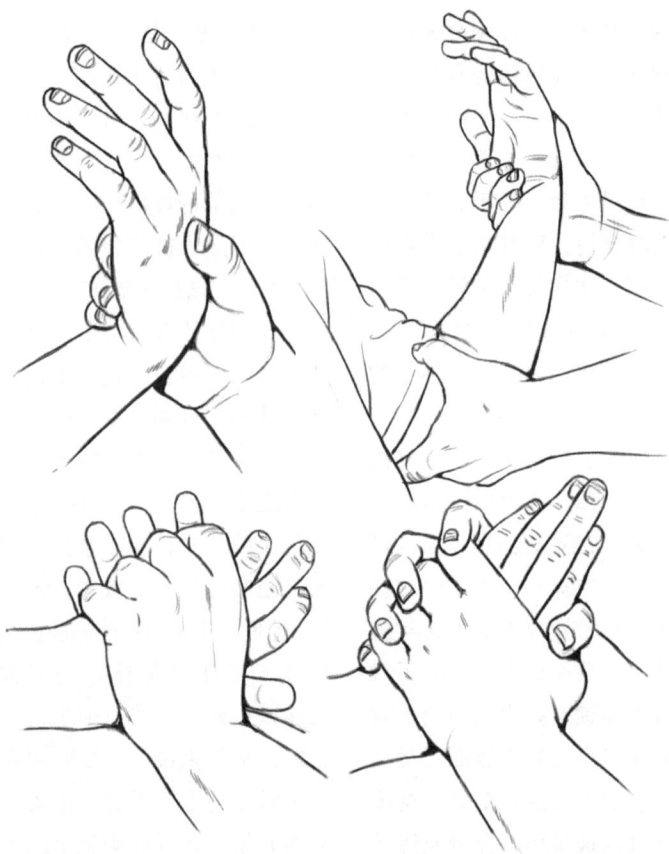

手腕向外锁定技术

手腕向外锁定是用另外一种方式控制手腕。士兵抓住敌人的手，拇指放在敌人的手背上，把他的手腕弯曲，使他的大拇指指向前方，而其他手指指向上方。必须把敌人的手腕推压到靠近他的身体的地方，否则，敌人会趁机逃跑。在实施手腕向外锁定技术的时候，可以很暴力地咔嚓一声把敌人的手腕折断，也可以动作稍微缓和一些，迫使敌人俯身倒向侧面。

手腕对折锁定技术

手腕对折锁定是指把敌人的手腕折叠成 90 度角，使其肌腱紧绷。如果动作猛烈，可能导致敌人手腕的肌腱撕裂致残。在实施的时候，必须把敌人的手臂抓紧，防止他逃脱。这一技术适用于把敌人快速控制住，也可以用于把他的关节折断。一种实施方法是抓紧敌人的五个手指，以手掌根部为基点扭转他的手指，然后把他的手肘使劲推向他身后某个坚硬的物体，比如地面或者墙体。

这一技术可以用于对付已经倒在地上的敌人，使他失去还击的能力，从而结束战斗。

手臂锁定和肩膀锁定技术

手臂锁定远远比手腕锁定更具有操作性，因为在格斗中，手臂更容易被抱握控制。手臂锁定有两大类应用：针对肩关节的攻击和针对肘关节的破坏。可以从不同的体位实施这两种类型的锁定技术；在站立打斗中和地面战中，或者是从介于这两种体位中间的任何一种体位中都可以实施这些锁定技术。

臂杠杆技术

臂杠杆是武术比赛中用于制服对手的常用手段，既可以用于折断对手的手臂，也可以用于把对手的手臂控制住。如果是用于控制对手的手臂，则有可能把他的肘关节折断，不过实施起来比较困难。这个时候就需要做出决定，是直接折断对手的手臂，还是只要把他控制住就可以了。

常见的对臂杠杆的运用之一是对抗直接伸出手臂进行攻击的敌

手腕折叠技术

另一个折断手腕的技术是把手腕用力折叠到超出其正常生理弯曲度的范围。如果敌人因为手腕被折叠，身体倒地，肘关节撞到坚硬的地面，可能会导致更大程度的伤害。

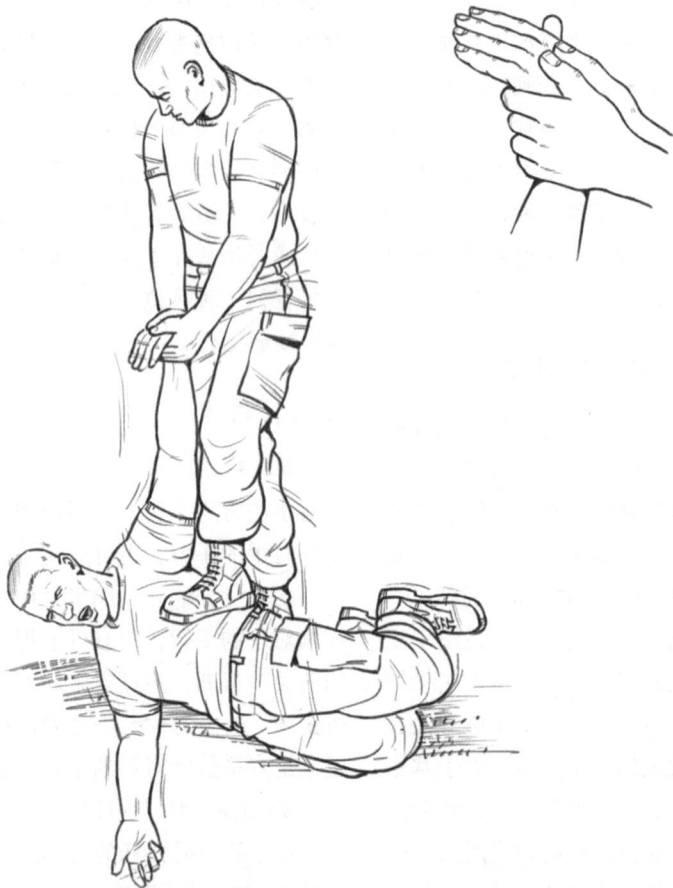

人，比如，敌人给出一记重拳或者试图抓住士兵。此时，士兵闪身站到敌人手臂的外侧，用自己的手臂把敌人的手臂箍住从而控制住他（从敌人手臂的上面或者下面箍住都可以）。控制敌人的手腕或者是二头肌和前臂之间的手臂效果很好，或者把手弯曲成钩状，抱握敌人的前臂。无论是哪一种锁定方式，必须把敌人的手臂紧紧抱握抵住士兵的身体，使它无法移动。

为了达到折断敌人手臂的目的，士兵用自己肘部的肘骨蜂击打敌人手臂靠近肘部的地方，产生巨大的击打穿透力，与此同时，把敌人的手腕和前臂尽可能地拉向自己的身体。这个动作会起到把敌人的肘关节撕裂的剪切作用。

限制与控制技术

为了达到限制或者是控制敌人行动的目的，士兵与敌人正面相对，跨步转身，站在敌人的侧面，士兵左手臂把敌人靠近自己右胳膊的前臂从外向里紧紧箍住，右手臂伸向扣在敌人手臂后面的左手，用右前臂下面多骨的地方交叉放在敌人被控制住的左手臂的

三头肌处，用力向下按压，同时，缠着敌人的左手臂向后面翻转，限制或者控制敌人的行动。接着，士兵用左手把敌人的左手臂用力拉向自己，跨步向前，好像要把自己的髋部插入敌人的腋窝下一样。敌人因为疼痛和压力，俯身向前弯腰；这时候，完全有可能把敌人脸朝下摔倒在地。

为了以这个姿势牢固地把敌人控制住，士兵把任意一个靠近敌人的手肘放到敌人的背上，用力向下推压，把手移到肘关节处。敌人背部和肘部被推压，身体向下弯曲，而手臂却被士兵的另一只手使劲拉直，疼痛难忍。

最常见的肩膀锁定技术是经典的"手臂后背上方弯曲"或者"锁臂"，通常用于已经被其他方式控制住的敌人。把敌人的手臂弯曲，尽可能地向他后背的上方推压。这时候适合于给敌人戴上手铐，或者快速制服敌人，不过如果敌人身体向前移动，很容易挣脱士兵的控制而逃跑。所以，对于一个处于站立姿势的敌人，士兵的另一只手要抓紧敌人的领口，或者对他进行掐脖窒息控制。

手臂锁定技术与肩膀锁定技术

以"像蛇一样爬行"的动作把敌人的一条手臂缠抱。士兵的手臂从内侧向上绕到敌人手臂的上面，从外侧向下弯曲，再从敌人手臂的下面向内插入，到达敌人的肘部后面，把敌人的手臂完全箍紧。接着用手紧紧抓住另一条按压在敌人肩膀上的手臂。

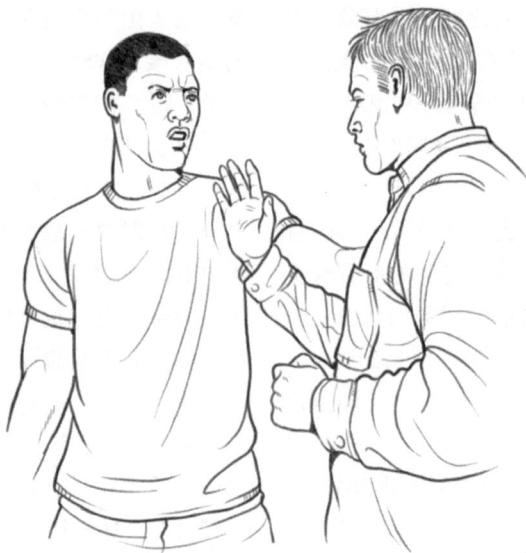

对于一个面部朝下的敌人则可以直接把他推倒在地。

另一种控制敌人的方法是把两只手插入敌人的两条手臂和身体之间，然后，身体转动180度，士兵站到敌人的旁边，与敌人面向同一个方向。在向另一边移动身体的时候，士兵把手臂抬起向后指向自己，好像要把手放到自己的耳朵上面一样。这一行动迫使敌人腰部弯曲，肩膀被控制住。如果敌人的手臂弯曲，士兵可以伸出另一条手臂抓住他的手腕，用力向他背部的上方拉，完成对他的锁臂控制。注意不要让敌人向前移动身体挣脱控制。如果敌

人的手臂正常伸直而肩膀被锁定，士兵可以通过用脚踢开敌人的支撑腿的方式折断他的手臂。敌人自身的体重会把他被锁定的手臂拉伸脱臼，进而折断。

掐脖窒息与扼喉窒息技术

掐脖窒息和扼喉窒息这两个技术术语经常可以互换使用，在实际的徒手格斗中，两种战术的使用也不容易分辨得非常清楚。准确地说，掐脖窒息就是压迫气管，切断对身体的氧气供应；而扼喉窒息就是压迫颈部动脉，切断身体的血液通路。

脖子被掐住而导致窒息是一

锁臂控制技术

　　士兵用一条手臂把敌人的一条手臂缠抱，把它紧紧控制住，另一条手臂的前臂十字交叉放在敌人被控制住的手臂的三头肌处，用力向下按压，敌人的身体被迫向前弯曲，手臂被翻转到侧面锁定，从而被士兵控制住。

锁臂技术

传统的"手臂后背上方弯曲"技术是非常有效的，除非敌人可以跨步向前，挣脱控制。实施这项控制技术的时候，需要把敌人的身体向下推压，或者把他的身体向后推挤，使他的后背靠在一个固定的物体上；还可以用一只手抓住敌人的一条手臂，另一只手锁定他的肩膀。

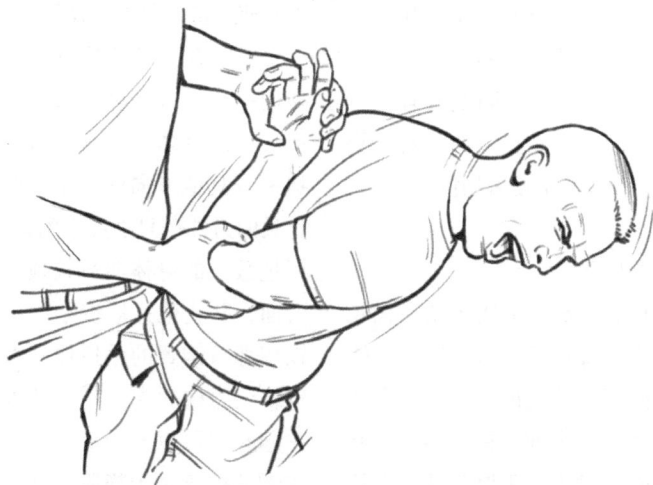

种非常令人恐惧的体验，绝大多数人在自己的脖子被掐住的时候，都会拼命地进行挣扎。掐脖的动作即便实施得非常到位，也不可能达到使敌人即刻毙命的效果，因为敌人一定会拼命进行抵抗，直到无法呼吸，大脑失去意识为止。从另一方面来讲，实施扼喉窒息技术会让敌人在5~10秒之内失去意识，随后很快死亡。因为扼喉通常会致使敌人陷入昏迷，所以也有人把它称为"昏倒扼"。

掐脖窒息和扼喉窒息都属于控制技术，在具体实战操作中，可以根据战斗的情况，调整扼喉力度的大小，把敌人牢牢控制住。

即使脖子没有被完全掐死，也会极大地削弱敌人的战斗力，因为气管被压迫，就无法及时补充因激烈搏杀而消耗掉的氧气。任何被掐脖或者扼喉的人，首先要采取的应对措施就是挣脱对手的控制，恢复身体的自由，这样同时也给对手制造了进攻的机会。因为，如果一个人拼命挣扎想摆脱卡在自己脖子上的手或者手臂的时候，就会疏于防范并且没有精力进行攻击，就给他的对手提供了实施进一步攻击的机会。

裸绞技术

裸绞技术经常用于从后面消灭哨兵或者从后面袭击敌人。士兵悄悄绕到敌人的背后，一条手臂沿着敌人头部一侧的肩膀，从后向前伸过去，手臂弯曲，前臂多骨的部位压迫敌人的气管。另一条手臂从敌人另一侧肩膀向前伸过去，把箍住敌人脖子的手放在这条伸过去的手臂的二头肌上，紧接着，士兵向后弯曲这条手臂，把手放在敌人的后脑勺上。在向后拉紧箍住敌人气管的手臂实施绞杀的同时，放在敌人后脑勺上的手用力向前压迫敌人的头部。

为了防止敌人从绞杀中挣脱，

士兵用力把敌人的身体向后拉，使他失去平衡，向后仰靠在士兵的身上。这一动作也可能会导致士兵与敌人一起向后倒去，此时，士兵必须保持对敌人脖子的控制，无论倒在哪里，即使摔得很重，也要使劲挤压敌人的脖颈。

裸绞有不同的掐脖体位，包括用一条手臂控制敌人，还可以把敌人的身体当作人体盾牌，阻挡来自其他方向的攻击。此时，士兵的另外一只手处于闲置状态。要把敌人的身体向后拉拽，向后弯曲，防止他挣脱绞杀。士兵可以用那只闲置的手抓住敌人的手臂，用力向后拉，防止敌人就近拿起某件可以充当武器的物件，或者从被绞杀中挣脱。这种绞杀不会使敌人失去战斗能力，但是可以把他控制住。

为了更加快速有效地使敌人失去意识，士兵可以把手臂更紧地绕到敌人脖子的前面，压迫他咽喉两侧的颈动脉。手臂的挤压会切断敌人脑部血液的供应，随后，迅速使他陷入昏迷。或者，还可以把手臂绕到敌人脖颈的前面，把手伸入敌人的衣领之内，

裸绞技术

实施裸绞时，士兵站在敌人身体的后面，一条手臂从敌人肩膀的一侧向前伸出去，弯曲手臂横着放在敌人脖颈的前面，把手搭在从敌人另一侧肩膀伸过去的手臂之上，使它固定卡在敌人脖子的合适位置上，用力压迫敌人颈部的主动脉。实施这项绞杀技术的时候，不是把卡在敌人脖子上的手臂向后拉，而是把另一条起固定作用的手臂抬起，向后弯曲，把手紧扣在敌人的后脑勺上，用力向前推压。与此同时，士兵的双膝向前弯曲，顶在敌人双膝的后腿窝处，使他的双腿向前弯曲，而上身向后仰靠，以这样的体位，敌人很难对抗士兵对他的绞杀。

侧视图

手臂位置

　　必须防止敌人把下颌向下收缩，因为这会阻止士兵的手臂卡住他脖颈的气管。所以，裸绞的动作必须又快又狠，在敌人进行反抗之前完成。

紧紧拽住他的衣服，用力勒他的颈动脉，也会起到类似的效果。

剪刀绞技术

实施剪刀绞的时候，可以把一条手臂从敌人脖颈的后面绕到前面，另一只手在前面配合。两只手伸入敌人的领口，抓住他衣服两边的领口，把敌人的头部用力向前下方拉，完成剪刀绞的动作。同样，也可以用一只手抓住敌人衣服一边的内领口，另一只手拉着敌人衣服另一边的外翻领，双手交叉，向相反的方向拉扯，使两边的领口向内收紧，压迫他咽喉两侧的颈动脉，导致他呼吸困难而陷入昏迷。

剪刀绞技术

对付一个身体直立、背靠某种物体的敌人，或者是仰面朝天躺在地上的敌人，可以实施剪刀绞。士兵两条手臂交叉，双手伸入敌人领口内，紧紧抓住敌人的领口，把手肘向两只手的方向挤压。有效的防御方法是把对方挤压过来的两个手肘同时向外推挤，不过，必须在剪刀绞的动作完成之前进行防御才可能奏效。

手臂绞杀技术

　　手臂绞杀是指把一条手臂从前面横着卡住敌人的脖颈，用力压迫他的气管。这一技术适用于对付背部靠在某一墙体或者是其他障碍物上的敌人，或者是对付仰面朝天躺在地上的敌人。

　　对一个处于站立姿势的敌人实施手臂绞杀技术的时候，比较稳妥的做法是士兵把另一条手臂从敌人头部后面绕过去，把手放在士兵手臂的二头肌上。手和手肘同时用力挤压敌人的气管，使

手臂绞杀技术

他无法呼吸，窒息而亡。

不过，在实施手臂绞杀的时候，敌人的双手处于自由状态。如果他可以拿到一把刀，士兵就有被刺杀的危险，即使敌人没有拿到武器，也能用双手进行有效的反击。如此看来，手臂绞杀技术主要适合用单手对付身体被挤压到某个物体上、没有行动自由的敌人。也可以在适当的时机，以很小的力量把敌人控制住。

如果敌人的身体被控制住，不能向后移动，士兵就可以把前臂横放在敌人的脖颈部位，与之呈十字交叉，用力压迫他的气管，使他呼吸困难，实施最简单的手臂绞杀技术。最有利的实施体位是当敌人仰面朝天躺在地上，或者是敌人的背部靠在一面墙体上的时候，士兵以全身的力量对敌人的脖颈进行挤压。有效的破解方法是用手肘推压对方的手，使他压向自己脖颈的手臂滑落，那么绞杀行动则会失败。

从地面战转到站立姿势的格斗需要使用不同的技术组合。可以利用缠斗技术为下一步的击打或者从不利的战局中逃离做准备。

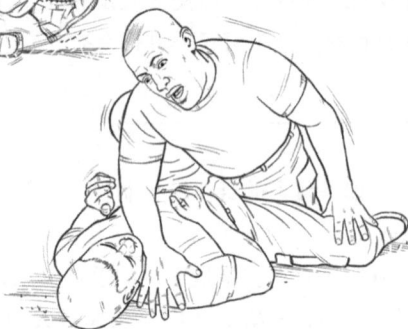

5 地面战技术

在极端残酷的全面格斗中，陷入地面战是非常危险的，但是士兵也要做好准备以防发生这样的情况。对于警官来说，大多数情况下都是在嫌疑犯被打倒在地的时候给他们戴手铐的。

在拘捕或者俘获嫌疑犯的过程中，被拘捕对象往往被扭倒在地，所以对于那些想把对手俘获，或者为了不被拘捕而进行反抗的人来说，掌握一定的地面战格斗技术是非常必要的。在开放式的格斗中，士兵最不愿意做的事情就是与敌人进行地面格斗，因为一旦卷入地面战就意味着有可能受到更多的攻击。不过，有时候这是不可避免的事情，所以士兵必须做好应付各种突发情况的心理准备。

对士兵来说，理想的战斗姿势是自己处于身体直立的状态，而敌人处于倒地的状态。因为在这样的格斗局面下，士兵可以用靴尖踩踏或者踢击敌人，从而尽快结束战斗。如果局势与此相反，那么士兵最好的选择是根据双方身体所处的位置，转动脚尖，指向敌人，用侧踹或者直踢的方法对付敌人。

如果遭到来自侧面的踩踏或者踢击，士兵必须转动身体，面对敌人，用双臂格挡踢击并抱握敌人的双腿。可以把敌人摔倒在地，也可以凭借敌人的力量站起来。在士兵顺着敌人的腿爬起来的时候，敌人几乎没有给士兵造成危害的机会。如果敌人摔倒了，至少双方扯平，两个格斗者都倒在地上。

膝部坠击技术

在格斗中尽量不要与敌人进行地面缠斗。膝部坠击技术经常被用于在地面战中快速而有效地把敌人彻底打败。所谓的膝部坠击，就是把全身的力量都集中到膝部，然后突然膝部向下坠落在敌人的头部或者身体上。

给法律执行者的建议：站起来！

在格斗中如果一个警官身体倒地，特别是还要面对不止一个敌人的时候，他将陷入非常危险的境地。他必须设法尽快地站起来，只有在站立的情况下，他才能进行自我防卫。

那些令人印象深刻的用于竞技武术比赛的所有制服技术中，地面锤击术是地面格斗术中士兵最常用的基本方法。即在地面战中夺取优势地位之后，士兵"骑马"上位，对被压在自己身体下面的敌人进行从上而下的拳法连续击打，使他失去意识。不过需要注意的是，士兵不能长时间保持同一个姿势，以免背部被敌人刺中或者击中；最好是能够想方设法站起来，使自己处于站立的姿势。

不择手段

在与敌人的生死搏斗中，没有人能够保证每一次的进攻都是在公平合理的情况下进行的。在与一个一心想把自己杀死的敌人进行战斗的时候，没有裁判在旁边保证战斗的公正性，这就意味着使用不正当的手段赢得胜利也是有可能的。普通人不能使用的一些致命的手段，士兵都可以使用。当然，敌人也会想方设法采取不道德的手段去赢得战斗的胜利。

一个在地面战中处于不利地位的士兵可以拿起一杆枪或者抓起一块石头重击敌人的头部从而使整个战斗过程简单化。即使没有任何武器可供利用，他也会找到很多方法使自己转败为胜。

钓钩技术可以用于强迫敌人的头部转向预定的方向。用一根手指勾住敌人的口角（留心避开敌人的牙齿），把敌人的头拉向预定的方向。用手指抠挖敌人的眼窝或者咽喉部位柔软的地方，使敌人因为不能忍受疼痛而不得不屈从。或者说，敌人会为了从眼睛被抠挖的疼痛中逃离出来而放弃其所占据的优势地位。

被卷入地面战斗的士兵要尽一切可能打击敌人，使用膝法、头锤以及用牙咬的方法对敌人发动攻击。可以用肘部击打敌人的肋骨或者面部。即便是用手指关节击打肋骨，也会令敌人疼痛难忍。还可以紧抓、拉扯或者扭拧敌人的耳朵、嘴唇、鼻子，或者任何多肉的可以被抓住的部位；敌人会因为疼痛而急于逃脱，士兵则可以趁机扭转不利的形势，转败为胜。

不择手段

在体育竞技活动中,严格禁止使用一些不讲体育道德的违规手段,但是在关系到生死存亡的格斗实战中,没有什么规则可言。针对面部和脖颈的攻击并不需要多大的作战空间与多强的武力就能够有效地分散敌人的注意力。这些手段可以用于站立姿势的攻击,也可以用于地面战。脸上的任何部位都可以被抓住、拉扯或者拧扭,也可以用手指关节抠挖或戳击任何一处柔软的部位,这些手段都会迫使敌人因为疼痛而做出退缩行为,从而使自己获得有利的战斗机会。

在所采取的这些手段中，没有一种能够直接结束战斗，但是，它们至少可以使士兵重新获得主动权，再次返回战斗中。当然，它们也可以被用于赢得胜利。无论输赢，在生死搏斗中，任何时候都不可能有真正的公平较量。

战斗处境、防御手段和逃跑机会

对于处于地面战的人来说，最常见的问题就是发现自己陷入了一片混战之中，用比较文雅的词来形容就是陷入了"困境"之中，就好像身体的一半在门里、一半在门外，困在一堆翻倒的家具之中，手忙脚乱，却又无从下手。他们很难从这种混乱的局势中找到突破口——逃离、逮捕或者制服敌人。

在竞技体育运动中，进行地面战的运动员有一句名言："要想制服对手，必须占据主动地位。"这句话非常形象地说明了战术的重要性。也就是说，试图采取任何行动之前占据主动地位是非常必要的。简单地说，所谓的主动地位就是要让自己处在高于敌人之上的位置，那样的话至少能够在一定程度上控制自己的选择。在这样的位置上，士兵可以想办法把敌人消灭或者找机会顺利逃脱；如果士兵仰面朝天躺倒在地，与位于自己上面的敌人进行战斗，那他就陷入了非常不利的被动局势。

所以，地面战斗的第一个要求就是要让自己位于敌人的上方，获得对敌人的控制权。在这样的位置，士兵就可以进行下一步的行动：想办法把敌人消灭，或者是中断战斗并顺利逃离战场，或者能够重新站起来，操起一件武器进行攻击。

压制技术

最本能的主动位置就是"压制"。士兵骑坐在敌人的身上，全部体重都压在敌人的胸部或者腹部。在这样的位置上，很容易对敌人实施连续的击打，相对来说，这样也比较容易中止战斗并顺利从战场上逃离。处于下位的士兵也可以向上挥拳击打敌人的头部，或者对他的身体实施勾拳攻击，不过由于身体处于下位，重心不在自己这一边，因此不太

阻止压制的形成

　　如果不能通过踢击使敌人远离自己，至少可以阻止他进一步对自己实施压制。防守者设法用一条腿阻拦敌人，使他不能对自己实施压制。

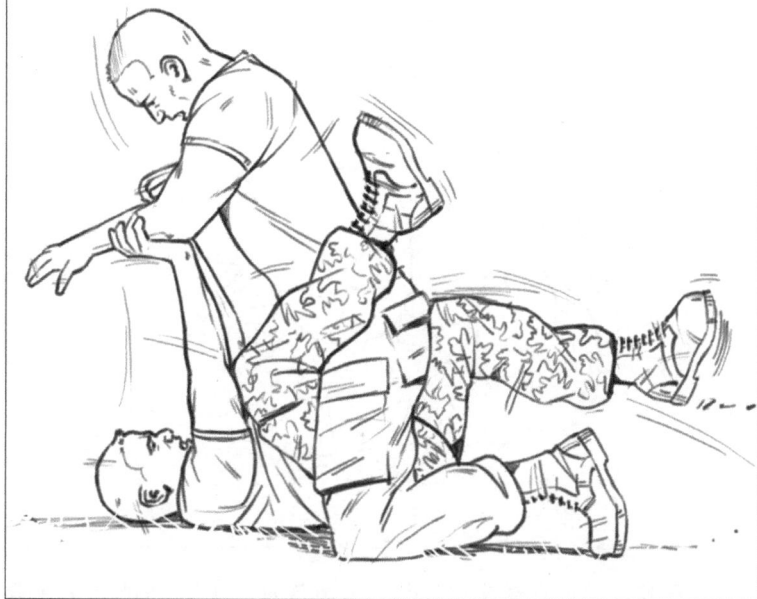

　　可能赢取最后的胜利。

　　避免压制的最好时机是在敌人正在实施压制的时候。一旦敌人已经形成压制之势，想要把他从身体上推开是相当困难的，除非士兵的上半身能够坐立起来，以重拳击打敌人。如果能够做到这一步，一个新的逃离压制的机会就出现了。这时候实施逃离是比较简单的——士兵抬起一个膝盖，尝试对敌人的背部进行猛烈的膝击，迫使敌人的身体向前倾倒。士兵趁此有利时机从他的手臂下面或者沿着他的肋骨实施抱握并把他从自己的头部上方用力抛出去，然后，迅速翻滚身体站起来。

形成压制

把一个高高坐在自己身上试图直接向下进行拳法击打的敌人推开是相对容易的。危险的是敌人压低重心形成了对士兵的压制之后，身体突然跃起，开始展开猛烈的击打。

如果这一招没有奏效，士兵首先要做的事情就是阻止敌人利用处于上位的优势对自己展开攻击。他可以用力抓住敌人的手臂或者抱住敌人的头部向下拉拽，使敌人无法展开击打。敌人可能因此从士兵的身上滚落下去。为了防止敌人伸出一只手或者一只脚维持他的优势地位，士兵从敌人滚落的一侧把他的腿或者手臂勾住是非常重要的。

士兵把另一条腿向下推送，使敌人从自己的身上斜着滚落下去，也许可以采取一些疼痛屈从的手段帮助这一行动顺利完成。可以用拇指抠挖敌人的颈部，或者用一个手指关节碾压敌人的肋骨部位。作为一种选择，士兵还可以把敌人的头部扭到自己想让他转向的方向。

侧位控制技术

侧位控制是一种非常有用的格斗体位。士兵横着压在敌人的身上，与敌人胸口对着胸口，用自身的体重把敌人向下控制住。以这样的体位，很容易对敌人的身体和头部实施肘击或者膝法。

逃离侧位控制有两种办法。最简单的办法是利用蛮力挣脱控制；士兵把双手放在自己和敌人的身体之间，掌心向上，用力把敌人推开。身体迅速翻滚站立起来，动作最好比敌人快一步，趁敌人还没有站稳的时候，对他展开踢击。

另一种办法是用一条手臂抱住敌人的头部用力向下拉，另一条手臂插入敌人胯下。脚用力向下蹬，手肘向上抬，身体翻转，把敌人压倒在自己的身体下面。接着，对敌人展开肘击或者膝击，防止他采取同样的手段对付自己。

膝压技术

膝骑或者膝压是格斗中一种非常有用的上位姿势。因为在这种体位下，士兵处于半直立状态，不仅能够把敌人牢牢地控制在自己的身体下面（并且能够给他造成疼痛和呼吸困难），而且还很容易看清楚自己周围的情况。以这样的体位，士兵对敌人的头部实施重拳击打之后能够顺利逃离战斗。有时候，还有一种变化体位可以使用，比如，实施扫荡腿把敌人扭倒在地，使他位于自己身体的侧面。或者把一个或者两个膝盖对准敌人的肋骨或头部（或者同时对准两者）作为压制他的手段，或者把它们用力向下坠击，导致敌人骨头断裂。这一击打技术叫作"膝部坠击"，可以非常有效地把倒在地上的敌人撞击致死。

有效破解膝压的唯一方法是一条腿向一侧伸展，做出像"虾行"一样的动作，也就是说，身体弯曲，稍微转向一侧，尽量避开敌人的膝击。敌人没有击中目标，膝盖撞击到地面。士兵趁机爬到敌人身边，抓住敌人的腿，沿着敌人腿部向上攀爬，重新站立起来。

侧位控制技术

　　侧位控制技术使占据优势地位的士兵可以有很多的选择机会。如果士兵的身体重心正好压在敌人身体的中心位置，那么，敌人很难把他从自己的身上推下去。可是如果士兵横压的位置距离敌人身体的中心位置太远，那么敌人就很容易把一条手臂插入他的臀部并向上托举，与此同时，另一只手搂抱士兵的头部并用力向下按压，把士兵从自己身上推翻下去。敌人趁机翻身上位，占据主动位置。

膝压技术

膝压（或者叫作膝骑）的姿势能够导致剧烈疼痛和呼吸困难。唯一的破解办法就是把压在自己身上的膝盖用力推到一边，使它滑落下去。如果膝压不是位于身体的中心位置，这是相对容易做到的；如果它正好压在身体的中心位置上，则几乎没有破解的可能。

防守姿势

另一个常见的地面战斗姿势是防守姿势。这不是一个占据优势的姿势——士兵仰面朝天躺倒在地——不过以这个姿势也可以把敌人控制住,阻止不利的局势继续恶化。士兵抓住敌人向下拉,阻止他对自己进行面部拳法击打。

用双腿环抱敌人的腰部,两只脚踝相扣(这就是"封闭式防守"),把敌人的身体牢牢控制,阻止他的身体直起来,或者变换其他体位。

有的拳击手非常擅长于在防守姿势下与对手交锋,甚至自愿到后面"担任警卫任务",在那里他们将实施各种各样的制服技

防守姿势

封闭式防守(两只脚踝扣在一起)可以防止敌人占据有利的位置。把敌人的头部向下拉也有助于使他处于被控制的状态,直到防守者准备设法逃离。

术。这可能会给人一种印象，好像防守也是一种进攻的机会，但是，对于实战中的士兵来说，事情绝对不是这样的。防守姿势是为了在被动的情况下阻止战局的进一步恶化而不得已采取的措施。只要有可能，士兵必须改变这种局势，变被动为主动。

士兵必须尽快起身站立回到

战斗中，不要试图在防守姿势下制服敌人。要想实现这一目标，必须设法打开防守的局面（分开紧扣的两只脚踝），当他准备进攻的时候，以"虾行"（如上所述）的动作从侧面打开一个小的缺口。接着，士兵把一只脚放到敌人的大腿或者臀部，在把敌人的腿踢开的同时，用力把敌人从自己身

变化防守姿势

只要把一条腿向下推送，翻转身体就可以改变开放式的防守姿势（两只脚踝没有扣在一起）。处在主动位置的士兵必须保持身体的重心压在敌人的身上，避免他顺利地翻转身体，不然的话事情就糟糕了，他会翻转成功，占据上面的主动位置。

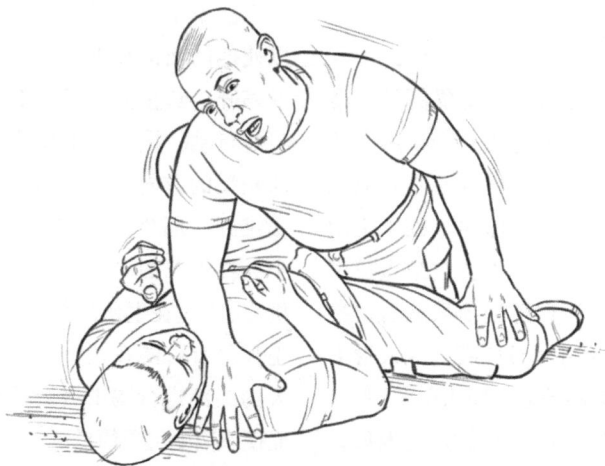

给特种兵的建议：对头部进行猛烈的击打——连续击打

最短和最直的路线往往也是最好的路线。既然这样，那就意味着要对敌人的头部进行连续的拳法击打，直到把他击倒在地。这种做法似乎看起来并不优雅也不够灵活，却可以达到目的。

体的一侧推下去。扭转敌人头部或者利用疼痛屈从对这个行动有很大的帮助。

以这种方式把敌人从自己身上推翻下去，士兵将处于压制位置，从这个位置上他可以进行连续的肘击和掌击以及拳捶，也许还可以实施手臂绞杀技术把敌人制服。最好是在对付单个敌人的时候才使用这些技术手段。在大多数情况下，士兵最好尽快站起来，以站立的姿势与敌人进行战斗。

站起来

在地面战中，主要的目标是设法让自己站起来；士兵如果长时间躺在地上，很容易受到敌人的攻击。不过，即便是处于主动地位，士兵也有可能被敌人拉倒在地上。所以适当地采取肘击技术，或者用大拇指戳击敌人身上比较柔软的地方，如眼睛等部位，都可以阻止敌人这样做；这时候，敌人因为疼痛难忍，有可能松开

紧拽着士兵的手而放弃行动。

有时候，有必要对敌人进行猛烈的击打或者采取其他手段让敌人屈服，帮助自己顺利逃脱。如果只是试图站起来就走开极有可能被敌人抓住脚踝并摔倒在地。

如果士兵发现自己处于敌人上方的位置，也就是说，士兵的两条腿横跨敌人的身体，或者膝部压在敌人的身上，他就可以采用"战术性下马法"顺利脱身。这意味着士兵应推压敌人的头部以使他的面部和眼睛从士兵的身上移开，防止他看清楚士兵下一步的行动。接着，士兵从敌人头部相反的方向走开。敌人的视线很难到达那个方向，因此减少了士兵在走开的时候被敌人抓住的机会。不过在生死存亡的情况下，士兵更有可能在这个位置上对敌人的头部进行踢击或者踩踏，从而使逃离变得更简单。

制造空间，站起来

倒地的士兵必须想办法尽快站起来，不过，直接起身站立往往是不可能的。他也许可以通过把攻击者踢开，给自己创造一个尽快站起来的空间。

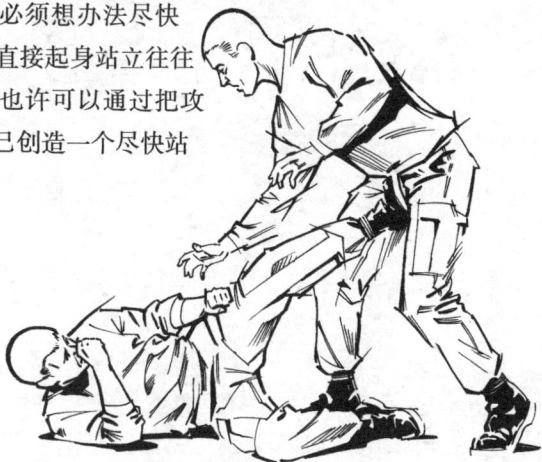

有时候踢击攻击者有可能使他俯身扑倒在防守者的身上，这当然不是一件好事，不过，这样至少可以使躺在地上的防守者避免了被攻击者踩踏或者踢击的危险。

第二部分：
格斗技术应用

技术只有得到正确的实施应用才能发挥它的功效。比如一把手枪一直插在枪套里，或者子弹被卸掉，或者手枪持有者根本不懂如何发射子弹，那它对任何人都不可能构成威胁。之所以会发生以上所说的情况，也许是因为使用者能力不足或者是他不情愿，不过，结果都是一样的。

同样的道理也适用于我们前面所讨论过的徒手格斗中的技术与手段。只有使用者愿意并能够正确应用这些技术，才能够发挥这些技术的作用。仅仅了解很多种不同的绊腿扭倒技术是远远不够的，真正起作用的是格斗者的个人意愿和有能力运用这些技术在格斗中取得胜利。

心理状态是至关重要的。在格斗中，士兵必须愿意去冒一定的风险，敢于给敌人造成伤害，否则他就不能充分利用所掌握的格斗技术进行战斗。他还必须非常清楚地知道如何运用这些技术，以及在什么样的情况下使用这些技术才有效果。

记住，攻击精神是非常重要的。也许发动进攻的时候并不一定是最好的时机，需要经过艰苦的搏杀才能取得胜利，但及时出手总比一直等待所谓的最佳时机要强得多。

赤手空拳的敌人比手持武器的敌人更有进行踢击或者缠斗的可能。

6 应对徒手敌人的格斗技术

赤手空拳并不意味着完全没有危险性。重要的是敌人的意图，而不是他手中持有的武器。

即便对面的敌人手无寸铁，士兵也不能放松警惕性，因为他仍然有一定的危险。无论敌人是否想把倒地的警官杀死，或者想把赤手空拳的士兵打倒，都有可能因为他手中没有可利用的武器，只能进行徒手格斗，而一个一门心思要对别人造成伤害的人通常都会达到自己的目的。敌人的攻击意识是最危险的因素——如果一个人手持枪械或者刀具，但是主观上并没有使用它们的意图，其危险性远远小于一个赤手空拳，却一心一意要置别人于死地的嗜杀成性的疯子。

另外，警官或者军事人员必须清醒地意识到一个看似赤手空拳的敌人，或许在他的身上暗藏着一把手枪或者匕首，或者在附近藏着一件比较大的武器。警官进入一个房间执行逮捕任务的时候，有可能面对的是一个手拿菜刀企图进行反抗的嫌疑犯；士兵可能会遭遇敌人突然从地上捡起的棍棒或者石块的袭击。这也是在徒手格斗中，不允许士兵与敌人进行长时间缠斗的另一个原因。制服敌人的时间拖得越长，就越可能给敌人制造抓取一件武器或者其他任何可以就近抄起的物体进行反击的机会。

通常来说，执法人员一般不会使用徒手格斗技能去逮捕一个持有武器的嫌疑犯。他们会利用武器，或者是使用武器的威胁迫使他就范。

警官有各种各样不会致人于死地的武器可供使用，在执法中，他们一般使用那些能够暂时使人嗜睡、头晕、迷幻、瘫痪的失能毒剂气体或者喷雾剂、警棍以及高压电子枪，还有专门研制的可以导致嫌疑犯失去抵抗能力而不至于把他们杀死的弹药等。军事人员几乎没有使用用途如此广泛的威胁性武器的机会。他们所使用的武器都是被设计得非常致命的，能够制造极端的情况。二者所接受的培训也有着非常大的差异。即使是像美国的特种武器和战术警察部队，或者是解救人质的救援部队等准军事警察部队，他们也首先是一支执行国家法律的部队。对于一个突然拿出武器的赤手空拳的敌人，军事人员的回应也许是直接致命的。

不过，在很多场合中，执法人员和军事人员必须在不使用致命性武器的情况下与赤手空拳的敌人进行战斗——要么是因为手头没有武器，要么是当时的情形除了徒手格斗，没有别的选择。执行维持和平部署任务的战士，经过训练，可以使用很多逮捕和控制敌人的方法，可是在实际战斗中更多实施运用的却是实用的徒手格斗技术，当然，还有轻武器。

先发制人的攻击技术

赢得胜利最好的办法是采取先发制人的战术，对敌人发动攻击，确保他没有机会实施心中已经决定了的攻击计划。对于出于自卫的公民之间的打架行为，需要对手有企图进行攻击的明确表示，可是警官和军事人员则需要根据嫌疑犯或者敌人的表现做出是否需要先发制人、展开攻击的判断。虽然采取行动需要选择合适的时机，还要有充足的理由，

给警官的建议：采取果断的行动！

警官往往会用平息事端的方式解决争执，他们也许会说服嫌疑犯放弃战斗，主动投降。他们不得不判断这样做是否可能奏效，如果不能将其劝降，就要判断最好在什么时候、以什么样的方式采取行动。一旦情况发生实质性的变化，绝不能任由它继续发展下去。警官必须在最适当的时机采取果断的行动；因为他也许不会再有其他的合适机会了。

给特种兵的建议： 在攻击范围内

当自己位于敌人攻击范围之内时的唯一选择是进行攻击。如果你不进行攻击，你就会被攻击。所以，要么远离敌人的攻击范围，要么在攻击范围之内进行主动攻击。没有介于两者之间的选择；无论如何，两者之间没有可以带来胜利的选择。

但是也不能等到嫌疑犯拔腿逃跑，或者敌人已经发动进攻才开始采取行动。

先发制人的绞杀 / 控制技术

这里指的是裸绞技术的应用。很明显士兵需要站在敌人的背后实施这项技术，可以用它直接杀死、制服敌人，或者仅仅是把敌人控制住。

如果士兵站在敌人的前面，可以使用叫作"肘铲"的技术，把敌人的身体向相反的方向旋转。士兵把一只手伸到距离自己身体最近的敌人的一条手臂下面，掌心向上紧紧握住敌人手臂的肘部，沿一定的弧度把他朝自己身体的另一侧拉过去。如果敌人的左手距离自己最近，那么士兵用右手去完成这个动作。

与此同时，士兵斜向跨步到一侧，以便自己的身体站在敌人的背后，与敌人的身体前胸贴后背地近距离接触。另一条没有用于拉敌人的手臂现在从敌人的后面向前伸出，肘部弯曲缠绕敌人的颈部，用力压迫他的颈动脉，迫使他的头部向后仰去，身体失去平衡。先前拉住敌人手臂的手向上抬起，完成对敌人的裸绞。

这是一种从敌人的背后进行的出其不意的近距离绞杀。这种绞杀技术经常被用于消灭站岗的哨兵。不过，在大多数情况下，士兵也许不一定采取绞杀的方式对付哨兵，而是把手从哨兵的背后向前伸过去，用手捂住他的嘴巴，使他无法呼喊救命，然后快速用刀把他杀死。

先发制人的击打技术

通常来说，面对一个做好了攻击准备的敌人，士兵直接冲上前去，与他扭打在一起是不太可

铲形肘与绞杀 / 控制技术

士兵对敌人的手臂实施铲形肘抱握，紧紧抓住敌人的肘部，用力把他拉到自己身体的另一侧，使他身体扭转，面向自己。与此同时，他跨步移动到拉住敌人手臂的一侧，转身站到敌人的背后，与敌人前胸贴后背地近距离接触。把任意一条手臂从敌人肩膀的后面向前伸出，肘部弯曲缠绕敌人的颈部，用力挤压他的咽喉部位。根据具体情况，把敌人控制住或绞杀。

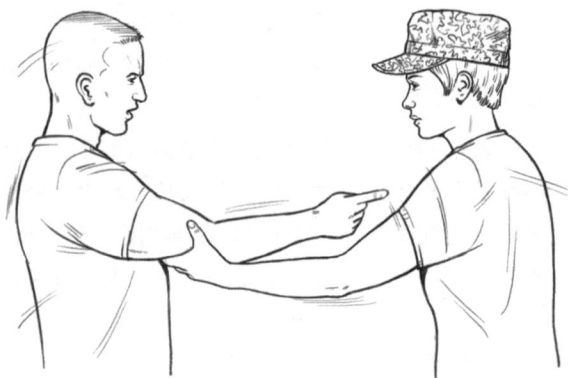

不择手段、先发制人的战斗技术

士兵快速伸出前导手向敌人的眼睛戳击（A），敌人不得不向后退缩。士兵趁此机会发起第二轮的进攻，用强势手重拳击打敌人的头部。或者士兵直接冲到敌人面前，双手把敌人的头部缠抱，膝盖向上抬起，撞击敌人的裆部（B）。从理论上讲，此时敌人无论是心理上还是身体上，都没有从眼睛被戳击的恐惧中回过神来，处于毫不设防的状态。当敌人身体弯曲的时候，士兵把腿向后撤回，双手紧紧抱着敌人的头部，用力向下按压，把他面部朝下摔倒在地（C）。

A

B

C

能的。要是可以采取出乎意料的手段，那么先发制人地用杯形拳对他进行击打，或者用刺拳击打下颌都是非常有效的开局做法。举例来说，如果敌人自认为他已经控制了局面，或者不知道士兵是一个怀有敌意的格斗者，在他张嘴命令士兵投降或者问他是谁的时候，很容易受到出其不意的攻击。这就为士兵创造了一个可以把他快速除掉，然后趁机逃跑，或者对付可能与他一起的其他敌人的机会。我们在前面的章节中已经讨论过这些先发制人击打技术的具体实施方法。

一个正高举双手冲过来要展开攻击的敌人是另外一种情况。把对他的攻击作为决定性的行动是非常必要的。其操作步骤往往遵循"制止—杀死"的原则进行。具体来说，士兵首先要设法制止敌人的进攻意图，使他不能按照预定的计划实施攻击；然后，再对他实施终结技术，把他杀死。有很多选择，以下只举出其中一种作为示范。

士兵迅速戳击敌人的眼睛而开始他的攻击行动，这会使敌人向后退缩，从而中止他的攻击计划。接着，士兵迅速用手掌对敌人的头部进行猛烈的击打。也许不一定能够正好击中他的下颌，因为敌人可能为了躲避眼睛被戳击把头部移开了，不过无论这一记掌击落在哪里，都足以使敌人晕头转向，身体向后倒退，失去平衡。

士兵再接再厉，身体突然一跃而起扑向敌人，把他的头部紧紧缠抱，猛烈地向前推压，阻止他在心理和身体上从被攻击中恢复过来，同时对他的身体进行连续的膝击。最后，士兵向后撤退一步，把已经很虚弱的敌人的头部用力向下拉，使他面部朝下狠狠地摔倒在地上。如果需要，可以接着对他进行踢击。

针对前导手抱握和重拳的防御技术

相对而言，很少有人能够用前导手（也就是比较弱的那只手）进行有效的击打。但是与敌人交战总是免不了要用到前导手，所以应该通过训练使它强壮。前导手更多的是用于对敌人实施抱握技术，把他控制，然后，强势手趁势跟进，对敌人进行强有力的击打。无论哪一种情况，敌人都把挺直的手臂伸向士兵，创造机会进行反击。

迎面而来的抱握或者是击打相对容易通过把它格挡到一侧进行抵御。不过，敌人的攻击来得很快，士兵要有所警觉，做好行动的准备。最低限度是要保证把敌人的击打手臂格挡到侧面，使它落空。不过，如果士兵能够把敌人的手臂作为杠杆转动他的身体，就可以获得更多的机会。只要攻击者在击打的时候投入了他的全部力量，要做到这一点并不是非常困难的。

也许最简单的办法是从肘关节处折断敌人的手臂。具体的做法是：当敌人伸展手臂向自己冲过来的时候，士兵把后面的腿向前沿对角线斜向跨步，身体移动到敌人的手臂外侧，身体扭转，使自己面对敌人的肩膀。士兵左前臂从肘部向上抬起，呈90度角度，把敌人的手臂抱握（假设攻击者是右手有力型，用前导手，即左手进行抱握或者击打），防

止他在遭遇士兵的右手击打时把手臂抽走。击打点位于敌人肘关节的附近，击打力量穿过手臂，造成敌人严重的骨折。

或者，士兵向前跨步，靠近敌人的腋窝，直接把他的手臂用力拉向自己，以自己的胸部为支点用力向前挤压，杠杆运动的结果是导致敌人的肘关节脱臼。

为了赢得更大范围的攻击机会，士兵向前方斜向跨步，左手伸到敌人来拳手的外侧，把敌人手臂向内猛推，使其偏离击打方向。这一动作把敌人从士兵跟前推开，而士兵则站在了敌人的侧面。在这个位置上，用膝法撞击敌人的大腿，或者对他的肾所在部位进行身体撞击都是非常有效的，不过，实践证明最好的攻击手段是沿一定的弧度对敌人耳朵后面的部位进行肘击。这是一招非常有效的击倒技术；不过，如果敌人佩戴了头盔就另当别论了。

针对摆拳的防御技术

大部分人，无论他们是否接受过专业的培训，在压力之下总是会不自觉地使用大幅度的摆拳

击打技术。摆拳击打很难阻止，因为这是一种标准的防御性击打技术，打击力度非常大。幸运的是，这种击打技术的出拳速度相对比较缓慢，通常很容易暴露，也就是说很容易看出对手打算干什么。

防御摆拳击打最好的办法也许是使用前手拳进行直接的攻击。如果敌对的双方同时发起了进攻，前手拳攻击会先一步到位。不需要非常精确地击中某个部位；直接对敌人的面部或者前额进行掌击将会破坏敌人用摆拳进行攻击的计划，使他的身体失去平衡。也许敌人的拳头仍然会落在士兵的身上，但是其击打力度显然会被削弱许多，士兵可以顺势闪身躲避，以缓冲来拳的冲击力；同时用强有力的另一条手臂挥拳对敌人进行连续的击打。作为挨了敌人一拳的代价（假如这一拳确实击中了士兵），士兵将赢得战斗的最后胜利，这才是最重要的。

不过，这一手段也不是在任何情况下都能够行得通的。在前面的章节中我们曾经提到过无论是勾拳还是摆拳都是可以被防御和破解

的。还有一个彻底避免被击中的办法就是士兵向后撤退避开敌人的攻击，但是这样做最终将毫无意义。敌人会继续向前逼近，进行更猛烈的攻击。当然，解决的办法还是有的，那就是使用以退为进的办法，避开敌人的直接进攻，进一步强化士兵的主导地位。下面就是一个很好的例子。

下蹲躲避，迅速反击的技术

敌人挥舞摆拳冲过来的时候，士兵身体下蹲，躲过敌人的来拳，身体向前冲向敌人，以自己的身体撞击敌人的身体。敌我双方同时向对方冲去，将大大增加冲击的力度；士兵的冲击猛烈而沉重，可能导致敌人身体弯曲，站立不稳。士兵趁势恢复站立姿势，远离敌人摆拳的击打弧度，站到他身体的侧面。这时候，可以用一两秒的时间对目前的战局做一个评判——此时的敌人也许已经倒地不起，或者身体摇晃，站立不稳，不过，也许还有一种可能性，那就是敌人向士兵的身体靠近，反而限制了士兵进攻的可能性。

此时，士兵的身体位于敌人

针对抱握的防御技术

　　一旦抱握姿势稳定形成，试图把抱握的手臂剥离并实施手腕锁定是毫无意义的。相反，士兵应该把前臂插入敌人抱握手臂的臂弯处，用力向下推压，使手臂向下低垂，把敌人的身体向前拉，展开反攻。

　　士兵要快速完成这项行动以防敌人进行重拳攻击，或者士兵可以掩护头部，顺势避开敌人挥击过来的重拳，然后，弯曲手臂，进行反击。

前导手抱握或者拳击的防御技术

　　任何以前导手进行的直接攻击都能够通过格挡而使它们偏离击打目标，为反击行动制造机会。士兵最好把来拳推到身体的另一边，使自己站到"外围"，在这个位置上，可以尽可能地远离敌人的另一只手的攻击。这样，就创造了一个反击的绝佳机会，同时限制了敌人的攻击自由。

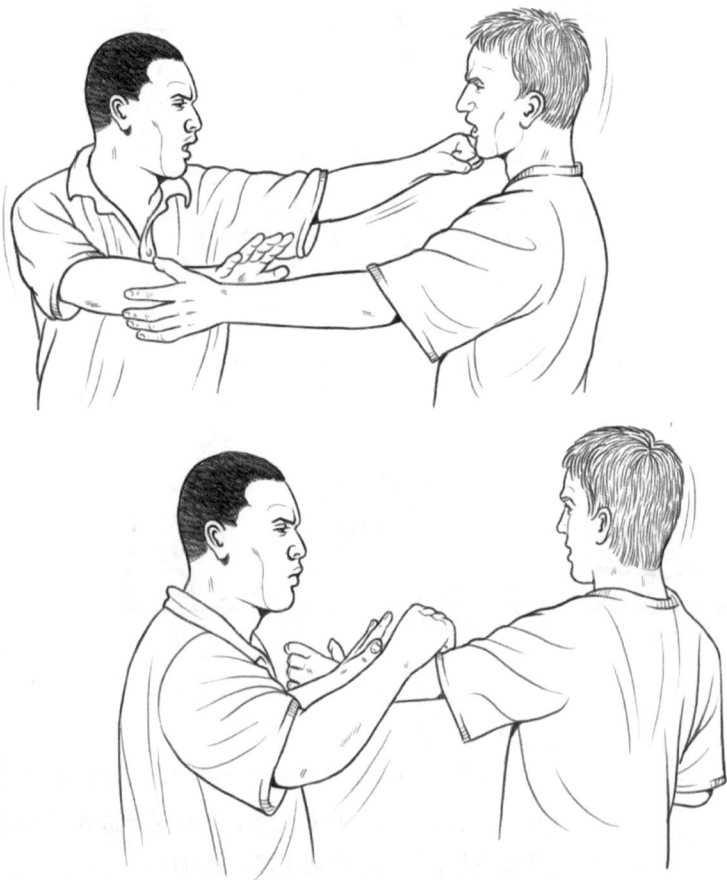

针对摆拳的防御技术

　　面对大幅度的摆拳击打（无论其手中是否持有武器），可以采取身体下蹲的方法进行躲避。士兵双腿弯曲下蹲使自己位于敌人来拳的下方，确保自己的眼睛向前看而不是向下看。在敌人还没有从上一记失误的拳击中回过神来的时候，士兵迅速站起来，挥拳砸向敌人。

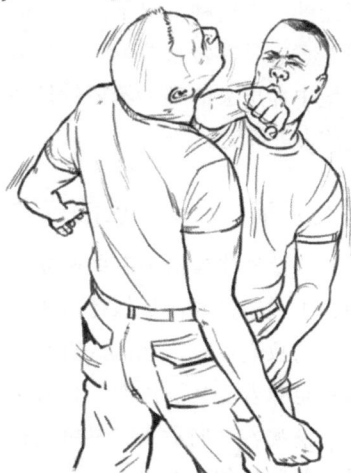

的侧面，可以根据形势，对敌人开始新的攻击。横踢敌人腿部后面，使他无法站立，向前扑倒在地。也可以逼近敌人，对他进行肘法击打和身体撞击，在他恢复身体平衡之前，以连续的重拳击打使他窒息。

在遭遇密集的摆拳击打的时候，人们很难做出正确的反应。但是，反击是绝对必要的，而且必须立刻进行，否则，士兵将被击打以致被制服。此时，如果士兵意志薄弱，很快就会败下阵来，产生抽身逃离的念头，或者被打的向后打个趔趄，希望敌人能够就此停止进攻——但这是绝对不可能的。在这种情况下，士兵的战斗意志是非常重要的，因为从困境中冲出去的唯一希望就是冲上前去进行反击。

勇往直前，反败为胜的技术

尽管身体被击中有些站立不稳，士兵还是要尽量保持身体平衡，向敌人逼近，把敌人打败。这就意味着士兵要用双手护着头部，蹒跚着冲向敌人，尽可能把敌人紧紧抓住。如果士兵能够把敌人的手臂控制一到两分钟的时间，就可以让自己稍微冷静一下，理清头绪，搞清楚眼前的局势，重新进入战斗的状态。这个时候对敌人实施内侧绊倒的技术是一个不错的选择。或者，士兵可以用一只手紧紧抓住敌人，用勾拳和肘法对他的身体进行击打，直到重新获得在战斗中的优势地位。士兵还可以由紧抓敌人转换到对敌人的头部或者手臂进行缠抱，对他进行膝击，或者是把他扭倒在地，进行踩踏，直到把他打败。

针对踢击的防御技术

使用踢击技术进行攻击的唯一机会就是当士兵处于地面的状态时。对于对方一个处于站立姿势的目标，尽管可以像踢足球一样实施摆腿踢击，但是大部分人会选择用拳法进行攻击。经过专业训练的人也许会实施前踢这样简单的踢击技术；使用横踢技术的可能性很小，但也不是绝对没有可能。飞踢和旋转踢等复杂的武术招数几乎不可能被采用，很多其他的武术踢击也只是出现在一些计算点分数的比赛中。尽管

勇往直前、反败为胜的技术

一个被打得踉踉跄跄的士兵很容易受到连续的击打，而这些击打将是非常猛烈的，而且是终结性的。为了避免被打败，他必须尽快使自己镇静下来，同时想方设法消除这些威胁。士兵用手掩护头部，径直冲向敌人，紧紧抓住敌人的击打手臂，阻止它进行更多的打击。这样，他就有可能扭转被动的局势，重新回到战斗中。

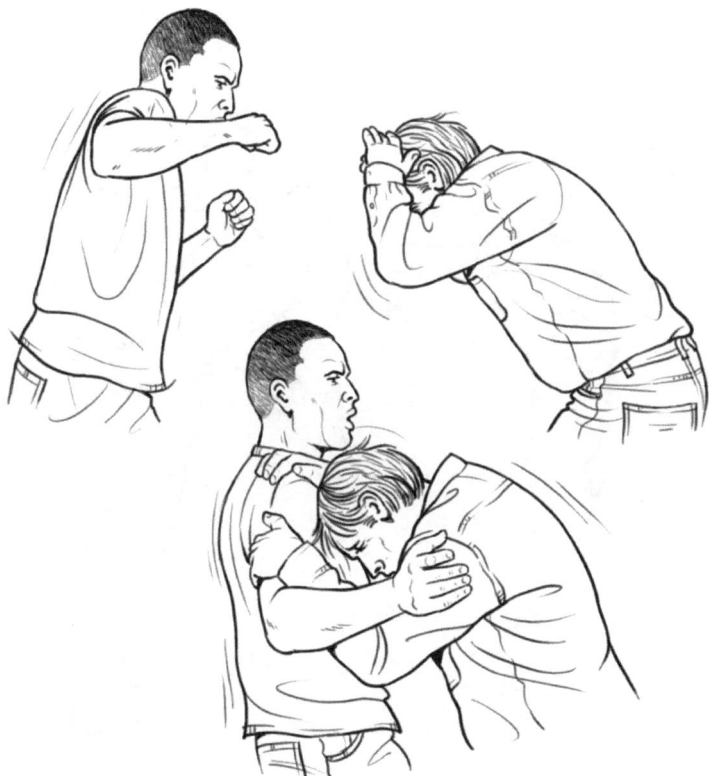

针对踢击的防御技术

　　尽管在体育比赛之外的格斗中，人们不一定会被对手的横踢踢中头部，不过要想预测这一脚会落到身体的哪个部位也不总是有可能的。

　　这时，应抬起自己的膝盖，稍微转动身体远离对手的踢击，手臂下垂放到腿上，在自己身体的一侧形成一面"挡箭牌"。踢过来的脚在达到最大威力之前会先落在"挡箭牌"上。

会遭受敌人的连续踢击，但是这样的攻击并不能阻止士兵把敌人打败。

像踢足球一样的摆腿踢击一般运用于对腿部和裆部的攻击，防御的方法与防御前踢是一样的。士兵向侧面跨步，使敌人因为踢击的惯性，身体进入士兵的攻击距离。如果敌人踢过来的腿抬得够高，士兵可以用手臂对它格挡，使它偏离踢击方向，或者把它抓住。无论如何，这与阻挡其他的踢击是不一样的。用手臂格挡来自其他方向的踢击并不能有效阻止意图造成毁灭性伤害的果断的踢击。

为了使敌人的踢击偏离方向，或者避开敌人的踢击，士兵可以把身体移动到敌人踢击腿的外侧，也就是说，士兵把身体向前面对角线方向移动。这样做的好处是敌人要是因为踢击的惯性而继续

向前冲的话，身体不会撞到士兵的身上。

使敌人的踢击偏离攻击目标还可以让敌人在一定程度上远离士兵，那就意味着他在开始下一步攻击之前不得不重新转身回到士兵身边。在这个时候敌人处于毫无防备很容易被击打或者是被扭倒的被动局面。

即使敌人的踢击没有偏离方向，只要士兵把身体闪开，敌人也会身体重心向前倾斜，来不及改变方向，或者无法对士兵的防御做出反击。

针对踢击的拦截技术

通常来说，拦截踢击要求防卫者把身体移动到"内侧"，站在对手的面前。这是非常危险的，不过在这个位置上确实可以对踢击做出有效的回击。假如防守者把对手的腿抬起来，用力向他的

给特种兵的建议：在进行反击之前先恢复正常状态

敌人在能够进行反击之前不得不先从被攻击的情况中恢复过来。如果他的身体失去平衡，必须先站稳脚跟。如果他被打得晕头转向，必须先让头脑冷静下来。如果他面对错误的方向，必须先转过身来。连续的攻击会使敌人头脑混乱，步履蹒跚，无法做出有效的回应。

面部推压——就像是让对手用嘴啃咬自己的膝盖一样——那么对手就会向后倒下。要想获得更严重的扭倒效果，防守者可以在抬高踢击者腿部的时候，身体向前跨步靠近，用脚把他的支撑腿勾开。

横踢是很难进行防御的。也许有可能通过向后撤步离开踢击范围，当踢击动作完成之后，快速靠近。不然的话，还有两个好的选择。一种是泰拳斗士常用的"阻挡墙"或者叫作"挡箭牌"。横踢是泰拳战斗体系的主要组成部分，所以，会泰拳的人对于横踢的防御比别人更有经验。比较理想的情况是，防守者身体向前移动，缩短对手踢击的弧线，削弱踢击的力量，把自己的一条腿抬高，用手臂保护头部和肋骨部位，形成一个"挡箭牌"。这样会缓冲踢击的力量，不过仍然可能被踢中而受伤。幸运的是，大部分横踢攻击并不一定能够实施得非常充分恰当，其杀伤力相对而言还是比较弱的。作为选择，防守者可以向前面对角线方向移动身体，远离踢击路线，缩短踢击的弧线，削弱踢击的力量。被

踢中的话仍然会受伤，不过是可以忍受的，而且从这个位置能够把踢击腿拿住。在此基础上，可以像前面所讨论的那样实施扭倒技术，或者防守者可以把对手的腿沿着横踢的方向抛掷，并旋转身体增加抛掷的力度。这样会给踢击者的膝盖造成伤害，当然也会把他摔倒在地，从而使他更容易遭受更多的打击。

针对抱握和绞杀的防御技术

尽管处于被抱握的状态并不一定会有生命危险，但是，在徒手格斗中，士兵或警官绝对不能让自己陷入身体被一个敌人控制，同时又遭遇另一个敌人攻击的境地。抱握还是实施许多扭倒技术和攻击技术的基础，当然，敌人还有可能实施绞杀或者其他致命的技术。

在面对多个敌人攻击的情况下，如果把注意力放在从抱握中挣脱逃跑是非常危险的。很明显，如果士兵处于被绞杀的状态，那么当务之急就是从这种状态中逃离；但是，如果他只是处于身体被控制的状态下，那么他必须做

出决定,是想办法迫使敌人松手,以便恢复自由,还是应付另一个攻击者的击打。如果士兵想方设法挣脱了一个敌人的熊抱之后,却又被另一个攻击者杀死,那么他之前所做的所有努力就没有任何意义。也许比较好的做法是在设法挣脱控制、获得自由之前,先把新的敌人踢开,制造一定的空间。

针对正面抱握的防御技术

所谓的正面抱握是指衣服被敌人抓住,其威胁并不是非常大。不过,随之而来的肯定是连续的拳法击打。士兵不可以过分专注于挣脱抱握以至于遭遇敌人随之而至的连续攻击。在这种情况下,可以采用我们在前面讨论过的手腕内侧锁定和外侧锁定技术,解除敌人还不是非常牢固的抱握。不过,不能用这种办法对付一个已经形成牢固抱握的敌人。挣脱敌人的抱握需要花费很长时间,

在此期间,士兵的头部可能会遭遇猛烈的连续击打。

针对正面抱握最好的防御方法是在抱握形成之前,改变对方的计划,或者可以在抱握完全形成之前,实施手腕锁定。抱握之势一旦形成,士兵需要做好防御随之而来的拳法击打的准备,然后,再想办法从抱握中挣脱。可以通过把一条手臂用力插入敌人手臂的弯曲部分,把它向下推压,把敌人拉近的办法挣脱抱握。士兵可以紧接着实施头部缠抱技术,并进行膝法击打,或者用另一只空闲的手进行拳法击打。从这个位置用手掌的虎口部位击打咽喉部位会取得非常好的效果。

针对正面熊抱的防御技术

正面熊抱的威胁并不是非常大——当敌人对士兵实施正面熊抱的时候,其大部分肢体都被占用,想要实施更有效的攻击,必

给特种兵的建议:行动起来,马上行动!

为了做出绝对正确的行动选择而停下来进行思考,就等于把进攻的机会留给了敌人,所以,最好立刻去做顺理成章的事情,即使它可能不是最好的选择。太晚就来不及了。

拦截踢击和扭倒技术

　　当敌人进行直接踢击的时候，士兵稍微把身体移动到侧面，把一条手臂从敌人踢击腿的下面自内向外缠抱，把它控制住。

　　士兵向前面对角线方向跨步，一条腿把敌人的支撑腿向外勾踢，另一条未被占用的手臂伸向敌人的肩膀，向后推压。与此同时，尽可能地把敌人的踢击腿往高托举，导致敌人重重地摔倒在地。

针对横踢的拦截技术

当敌人进行横踢的时候，士兵或者向前移动身体，以缩短敌人踢击的路程；或者身体斜向移动，以避开敌人的踢击，削减其踢击的力量。还可以用手臂格挡敌人的踢击，让自己的上臂而不是身体承受踢击的力量。

　　一条手臂从敌人的踢击腿下面插入把它缠抱并尽量托高，沿着踢击的方向拖拽。与此同时，士兵向同一方向扭转身体，把敌人的腿从自己面前抛掷出去，把敌人扔到地上。

须松开搂抱士兵的手。不过，士兵可能会被抱摔倒地或者被推撞到墙上。同时，也很容易遭遇敌人从背后进行的攻击。

如果士兵的双手没有被敌人控制，也就是说，敌人的抱握位置位于士兵的双臂之下，士兵就可以用拇指抠挖敌人的眼部或者咽喉部位，获得摆脱抱握的机会。咽喉旁边柔软的凹处是理想的攻击目标，环抱头部侧面和后面的其他手指保证了抱握的形成。作为选择，也可以把手掌伸到敌人的下颌下面，猛力向上后方推压，

针对正面抱握的防御技术

一次还没有完全固定的抱握有可能被挣脱并对抱握手臂实施手腕锁定。不过，如果敌人正在进行重拳击打，就不能这样做。必须在敌人开始击打之前行动，或者在挣脱抱握之前防御击打。

挣脱敌人的抱握。从这个位置上推挤敌人的身体，可以让他向后倒下去。

如果士兵的身体连同两条手臂被敌人实施熊抱式固定，问题就不是那么简单了，但也不是绝对无计可施。士兵可以把身体的重心下移，双臂尽量向外展开，身体尽可能地横向伸展，使敌人难以把自己搂抱控制住，从而达到防御的目的。这样做还能够让自己的双臂获得一定的活动空间。这个时候，用手抓握敌人的裆部或者施以拳法击打是一个不错的选择，或者，也可以把手抬高到中心线之上，像前面所描述的那样，用力向后推压敌人的头部，使他向后摔倒在地。

针对后面熊抱的防御技术

敌人从手臂下面进行后面熊抱式固定的时候，士兵就有机会抓紧敌人的手，用力掰扯他的手指，从敌人的熊抱中迅速脱身。也可以用指头的第二个关节猛击敌人的手背，迫使他松手。敌人紧握着的双手一旦有所松动，士兵就可以把他的一只手从另一只手中拖拽出来，在敌人的两只手之间打开一个缺口。当他旋转身体从这个缺口中挣脱出来的时候，一直把敌人的那只手紧紧控制住，使自己处于一个合适的位置，可以对敌人进行终结性的打击。

如果敌人从后面把士兵的手臂连同身体一起熊抱固定，可以采取前面所讨论过的针对正面熊抱式固定的防御技术。士兵把身体的重心下移，双臂向外用力扩展，双手向上弯曲，插入敌人抱握的手臂内侧，把他紧扣的双手用力掰开，然后旋转身体从敌人双手间的缺口处挣脱出来，对他展开致命的击打。

针对所有熊抱式固定的防御，都可以使用对敌人头部的锤击或者脚部的踩踩技术。踩踩的目标是脚背上面靠近脚踝的部位，而不是脚趾部位。

针对擒抱摔倒的防御技术

很多敌人开始进攻时，会采用橄榄球比赛时为了阻截对手所实施的擒抱摔倒技术。对大多数人来说，这是一种本能的行动；攻击者并不一定清楚自己的真实

针对正面熊抱的防御技术

把两条手臂连同身体一起控制的熊抱式固定，几乎没有有效的防御措施，不过可以通过用一只手抓握敌人的睾丸并且用力挤压或者扭捏来破解敌人的控制（A）。即使抓握睾丸的行动失败，这一举动也会对敌人造成一定的威胁，迫使他改变身体的姿势，从而削弱对士兵身体抱握的力度。

士兵趁此机会扭转身体，把另一条手臂挣脱出来，手臂向外抬起，把敌人搂抱自己的一条手臂用力向上托起并扭转（B）。对敌人实施锁臂或者锁肩，迫使敌人摔倒在地（C）。

A

B

C

针对后面熊抱的防御技术

　　熊抱式固定可以是从手臂下面对腰部的抱握，也可以是从手臂上面连同腰部一起进行抱握。如果敌人的双手从士兵的双臂下面插入进行搂抱固定，士兵的双手还可以自由活动，通常可以通过掰开敌人的手指挣脱控制。如果腰部和手臂同时被敌人搂抱控制住，士兵要想逃离，可以把身体的重心降低，两条手臂用力向外伸展，肘部尽量向上弯曲，使自己的双手能够握住敌人搂抱自己身体的双手，用力把敌人紧扣的双手掰开。

手臂连同腰部控制式熊抱

腰部控制式熊抱

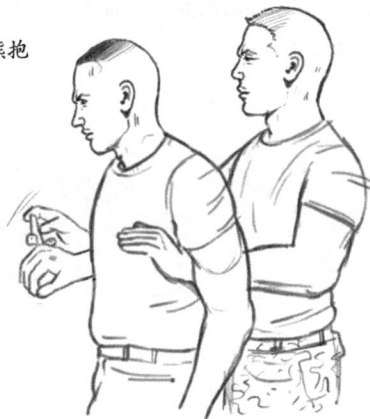

　　士兵从敌人两手间的缺口处扭转身体挣脱出去。在士兵旋转身体向外挣脱的时候，要保持对敌人手臂的控制。士兵接着对敌人实施锁臂，或者把他的头部用力向下挤压，从这个位置上，很容易对敌人展开踢击。

意图是什么。擒抱摔倒可能导致熊抱式固定或者目标被迫向后倒退，或者这就是一次预谋好的扭倒抱摔。无论敌人的目的是什么，士兵需要做好应对的准备，确保他的阴谋不能顺利实施。

此时，抓住时机对敌人的头部进行膝击可以阻止敌人任何的抱摔意图，但是也有一定的风险，因为当敌人向前逼近的时候，士兵如果向后撤步，就会有失败的可能。

比较可取的做法是士兵向后撤步，在头部缠抱的情况下对敌人实施另外一种颜面炸弹摔。士兵向后撤步的同时，双手向下重

针对擒抱摔倒的防御技术

士兵身体向后移动，把敌人的头部用力向下按压，这是防御擒抱摔倒的有效手段（A）。或者也可以运用综合武术专业人士所使用的"反摔"技术。士兵双腿向后跳跃，重心前倾，俯卧在敌人的背上（B）。由于自身重心的前倾，再加上士兵身体的重压，敌人脸面朝下摔倒在地（C）。

A

击敌人头部的后面或者是颈部；敌人由于自身的惯性，面部朝下摔倒在地。

如果敌人成功实施擒抱摔倒，士兵必须把自己的一条腿迅速向后撤步。这样不仅可以避免身体被敌人向后推挤，或者向后翻倒，还可以让这条后撤的腿位于敌人的攻击范围之外。如果敌人的双手把士兵的双腿紧紧抱住，就会实施双腿抱摔，在很多武术比赛中都有这样的事情发生。这将导致士兵被重重地摔倒在地，无法继续战斗。

B

C

制止擒抱摔倒的技术

士兵一条腿向后撤步，防止自己向后摔倒，同时身体向前俯冲，用身体压在敌人的背部或者头部。对敌人的背部展开锤击或者肘击，或者用另一条自由的手臂缠绕在敌人的脖颈，实施站立式锁喉固定，使敌人窒息而亡。

如果面临双腿被抱握的危险，士兵必须实施"下压防摔"的战术进行反击，双腿向后跳跃，身体向前俯冲，以自身的体重把敌人面部朝下压倒在地上，士兵压在敌人的身上，占据主动位置。

在擒抱摔倒失败的情况下，士兵的手腕、一条腿甚至是两条腿都有被敌人抱握的可能，敌人甚至试图把他推倒在地。一个好的"根基"也就是说两条腿分开稳固的站姿将有助于防止这种情况的发生。不过，必须同时对敌人采取必要的应对措施。对敌人背部肩胛骨下面进行肘击可以削弱敌人的力量，或者锤击敌人的肺部也能起到同样的作用，最理想的情况是能够给敌人造成极大的伤害，使他丧失抱握士兵的能力，身体向下瘫倒在士兵的脚下。不然的话，士兵不得不采取更加有效的措施把他消灭。

在这种情况下，士兵最好不要抬腿对敌人进行膝击，否则将使自己的身体失去平衡。相反，士兵可以把身体旋转到侧面，挣脱敌人的抱握。士兵把一只手压在敌人的肩部上，另一条手臂强行插入敌人的腋下，手臂向上抬起。与此同时，放在敌人肩膀上的手用力下压，身体转动，就好像要对敌人实施前面讨论过的缠抱扭倒技术中的一种那样。这一动作会把敌人的身体扭倒在地，很容易把他杀死。

针对夹头摔的防御技术

格斗中常见的另一种摔法是夹头摔。虽然这一技术有时候会被刻意地加以运用，但是，通常都是在进行擒拿和扭打之时，是自然而然进行的偶然之举。成功的夹头摔通常伴随着掐脖或者扼喉，而且会让人陷入很容易遭遇各种击打的境地，所以必须想办法尽快从中挣脱出来。

抓捏或者击打睾丸往往能够使敌人松手，保证士兵脱离被控制的局面。如果行不通，最好的解决方法是用掌刀击打敌人面部的鼻子和嘴唇中间的人中部位，向上后方推压敌人的头部。人中是人体极其敏感的部位，压迫人中可以使敌人的身体突然挺直，因疼痛而扭头躲避。士兵随之也挺直身体，一只脚置于敌人一条腿的后边，向前猛扫，把敌人的腿踢飞，使他仰面朝天，躺倒在地。

如果敌人已经成功实施掐脖窒息，士兵在逃离之前，有必要先设法让敌人松手。士兵用双手抓住敌人卡在自己脖子上的手，用力向下拉拽。敌人的手一旦松动，士兵就用一只手制止敌人的掐脖动作，如上所述，另一只手想办法击打敌人的要害部位，使他因为疼痛而不得不松开卡在自己脖子上的手，从而摆脱敌人的控制。

针对后面掐脖窒息的防御技术

后面掐脖窒息的防御方法与前面掐脖窒息的防御方法类似。士兵把敌人进行掐脖窒息的手臂向下拉拽，使他松手。士兵把下颌向内回缩，保护自己的咽喉部位不被敌人的手臂卡住，避免敌人再次对自己进行掐脖窒息。或者，士兵还可以把头部向一侧扭转，让自己的咽喉部位处在敌人肘部内侧的拐弯处，这就为自己创造了一个可以呼吸的空间。在这样的位置上，士兵就有机会想办法脱离敌人的控制。

在身体后仰的情况下，人们几乎不可能从颈部被控制的状态下挣脱，所以，防御时重要的一点就是要尽可能地保持身体向前弯曲。踩跺敌人的脚背、用肘部向后击打、实施头锤等都有助于增加敌人控制士兵的难度，使士兵有机会拉开敌人卡在自己脖子上的手臂，趁机摆脱敌人的控制。

如果事情进展顺利，正如在前面所讨论过的针对熊抱式固定的防御方法一样，士兵把敌人卡在自己脖子上的手臂拉开一定的空隙，使自己可以侧转身体，从抱握中挣脱出来。不过，事情也许不会那么顺利，也有可能出现虽然敌人的手臂松动了一些，但士兵的身体还是无法彻底挣脱出来的情况，相对而言，这种情况算是比较好的了，因为最起码士兵不会马上被掐脖窒息而死。但是，要想摆脱困境，士兵必须采取进一步的攻击措施，想方设法彻底摆脱敌人的控制。

为了赢得胜利而进行防御

士兵采取膝击，用拇指抠挖敌人的眼睛或者咽喉等柔软部位，把敌人的头部向上后方推压等措施，都可以为自己赢得一定的行动空间。一旦有了反击的机会，士兵必须立即行动，对敌人进行有力的攻击，直到敌人失去反抗的能力为止。挣脱掐脖窒息只是一个开始，下一步需要做的是赢得最后的胜利。

针对后面掐脖窒息的防御技术

从掐脖窒息中挣脱或者是抓住敌人的手指并把它们折断都是有可能实现的，但是一旦掐脖窒息的动作完全锁定，就没有挣脱的可能性了。因此有必要快速行动，尽可能地向前耸肩弓背以避免身体向后弯曲。

每一种带有刀刃的、尖刀类的和有冲击力的武器所造成的威胁都不尽相同。所以，充分了解各种武器的类型和特点，在一定程度上能够提前识破敌人的攻击意图。

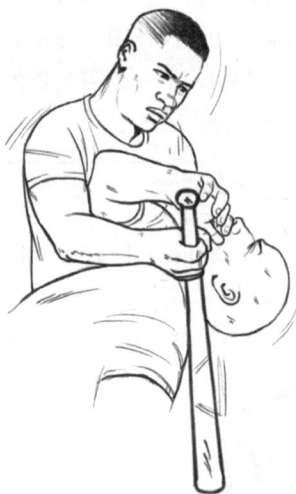

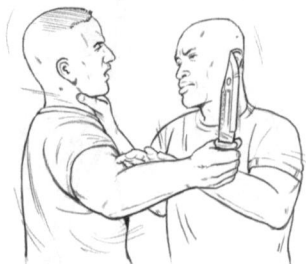

7

应对持刀敌人的格斗技术

使用武器可以极大地增强士兵的战斗能力。那些在与徒手敌人交战中出现的不会致人于死命的失误，出现在与持械敌人的交战中就会非常危险。

在这里先不讨论手枪、步枪等火器，我们先谈谈3种基本的手持兵器：刺刀、砍刀和钝器。我们清楚地知道，武器只有在被持械人正确使用的情况下，才能够发挥它们应有的作用。刺刀类兵器必须被推挤着刺入人的身体，砍刀类兵器只有在与人的肉体部位接触时才能起到伤害的作用，而钝器类兵器要靠着持械人的挥动来获得击打的冲击力。

有些武器的用途不止一个，比如，刺刀在特种兵的手中既可以用于刺杀，也可以用于砍杀。不过，用于钝击的可能性就不大，所以，士兵看到敌人手持刺刀，就应该能料到他可能会对自己进行刺杀或者砍杀，从而知道应该采取怎样的防御措施。

应对持械的敌人可以遵循两条基本的原则。首先，在面对持械敌人的时候，心里要明白对自己构成威胁的是持械的人，而不是他手中的武器。如果敌人在刺刀被缴获之后还有能力进行徒手格斗，那他就还没有"被打败"，他仍旧可能进行攻击或重新夺回自己的武器。也就是说，只有消灭武器的使用者，武器才可能变得没有威胁性。其次，如果有人手持武器却不利用它攻击别人，那么也不会对他人造成任何伤害，除非有人主动用自己的身体去碰撞武器，或者往刀尖或者刀刃上撞击。在应对攻击者的时候，有的防御技术主张把武器保留在某个不可能造成任何伤害的位置。与其把注意力放在解除敌人的武装上，不如把持械的敌人彻底消灭。

应对钝器挥击的防守技术

绝大多数钝器类（或者是用于击打的）武器都是相类似的各种各样长度的棍棒类物体。特意制作的击棍、棒球球棒、椅子腿，以及相类似的物体都是主要的棍棒类武器。其他的钝器也许形状有些怪异，但是也可以造成巨大的打击力。这类武器还包括枪托、灭火器、一块石头或手中拿的一听罐头，几乎任何有一定质量的物体都可以当作武器来使用。人们有可能（并且是出乎意料地有效）使用一件钝器进行戳击，而不是进行挥击。这样的攻击方式经常被视为戳击来应对（请看下面的详述）。尽管令人难以置信，但是，我们可以想象敌人也许会

应对钝器挥击的控制技术

使用钝器进行击打需要一定的冲击力才能给击打对象造成伤害，通常需要沿着一定的弧度挥舞钝器才可以产生击打的效果。

A

B

C

　　如果士兵可以使自己位于钝器挥舞的弧线之内，
并采取与防御勾拳击打一样的方式阻挡钝器的挥击
（A），那么他就可能抓住敌人持械的手臂（B）。
敌人虽然仍然紧握着他的武器，但是已经处于士兵
的控制之下，不可能造成任何伤害（C）。

使用钝器进行绞杀或者关节锁定。不过，敌人要想做到这一点，必须经过大量的训练，而最好的防御方法是不允许敌人进行这样的尝试，也就是通过对敌人发起主动进攻而使他特别的技术无法施展。

因此，士兵的大部分时间都用在对抗两种或者是 3 种攻击中的一种——正手挥击、反手挥击和直接击打。有些敌人会把武器四处挥舞，威胁士兵，好像要实施以上 3 种攻击方式中的一种，而实际上并没有真正实施。在这种情况下，可以对他展开主动进攻，打消他的攻击意图。

应对正手钝器挥击的防御技术

面对敌人的正手挥击，有几个好的应对方案供士兵选择。一个是士兵身体下蹲避开棍棒的挥击，使用侧面踹踢的技术针对敌人的膝部侧面展开攻击。这样并不能解除敌人的武装，但是可以使他失去战斗能力，甚至无法站立，这是一个比较理想的结局。

或者，士兵可以向敌人逼近，

应对钝器挥击的躲避技术

士兵身体下蹲，可以使自己避免被敌人挥舞的棍棒击中，却不能把敌人的武器控制住，不过，士兵对敌人膝部侧面的踹踢也许有可能使他失去战斗的能力，那么，也就没有必要控制敌人的武器了。因为，一个人如果连站立都困难，那么，他手中的球棒也就不会给别人造成什么威胁了。

应对正手钝器挥击的防御技术

当敌人挥舞着手中的钝器进行攻击的时候，士兵跨步进入敌人武器挥击的弧线之内，用一条手臂自上而下地把敌人持械的手臂缠抱控制住，使他的手臂无法自由活动。在敌人为了挣脱被控制的手臂而进行拼命挣扎的时候，士兵对他的头部展开猛烈的近距离连续击打。

像阻止摆拳攻击一样格挡敌人的手臂（其进攻路线与摆拳击打相类似）。接着，士兵把敌人持械的手臂缠抱，使他无法挥动武器，然后对他进行绊腿扭倒，或者展开连续的拳法击打或者膝法撞击。

应对反手钝器挥击的防御技术

在敌人准备以反手挥舞钝器进行击打，或者钝器已经迎面击来的时候，士兵可以把敌人的手臂或者肘部向后推向敌人。紧接着，另一只空闲的手从敌人的肩膀上面伸过去，抓住钝器的另一端向前拉拽，进行令敌人疼痛难忍却又难以挣脱的头部锁定。这一动作可以用于把敌人扭倒，或者可以把他控制住以展开膝击，紧接着对他实施颜面炸弹摔技术。

应对头顶钝器挥击的防御技术

敌人挥舞钝器迎面击向士兵的头部，面对这种情况，士兵不要试图直接进行阻挡，而要跨步从挥击的弧线下面避开击打（A）。

A

应对头顶钝器挥击的防御技术

展开对头顶的直接击打通常需要持械人用双手高举有一定质量的钝器，自上而下地进行挥击。面对迎面而来的击打，士兵向前跨步，站到 Y 字形战术的任意一个分叉位置，避开敌人的直接击打，转身面对敌人。在钝器从自己面前经过的时候，士兵顺着钝器挥击的方向向下拍击敌人的双手，使他的身体向前倾倒，失去平衡。敌人挥击的钝器可能误击到了地面，此时士兵可以将他持械双手的任意一条手臂向下按压并控制住，然后用另一只手对敌人展开一连串的猛烈击打。

当敌人的钝器从自己面前经过的时候，士兵用手掌向下推压敌人持械的双臂，使他不能立刻从误击中恢复身体的平衡（B）。在敌人还站立不稳的时候，士兵接着对他腿部的后面展开低位回旋踢(C)。

应对反手钝器挥击的防御技术

　　当敌人挥舞手中的钝器展开反击击打时，士兵冲到敌人面前，把他持械的双手向后推压，阻挡他对自己展开击打行动（A）。

A

B

士兵另外一只空闲的手从敌人的肩膀上面伸过去，抓住钝器的另一端向前拉拽，以钝器为杠杆，对敌人进行头部锁定（B），敌人此时面临两种选择：要么松开持械的手，缴械投降；要么让士兵利用自己的武器，把自己扭倒在地（C）。

C

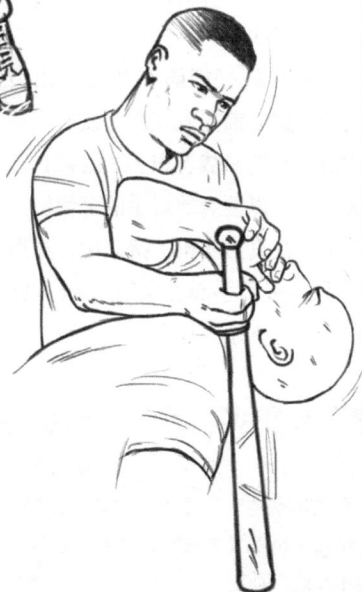

应对锋利武器 / 尖头武器攻击的防御技术

一般来说，砍劈式的攻击往往是针对头部和颈部进行的，而刺杀式的攻击则针对腹部和身体的侧面来实施。但是，对于一个训练有素的持刀者来说，身体的其他部位，比如腿部股动脉和手臂的肌腱也是砍杀的目标，不过这种情况发生的可能性不太大，因为，在实战中，参战者更倾向于对攻击目标进行直接的砍劈，或者是把对手抓住之后，进行近距离的刺杀。

士兵最好能够在敌人拔出刀剑等武器之前先发制人，发起主动攻击。有的参战者很善于隐藏自己的武器，以便麻痹对手的警惕性，但是，在真刀实枪的搏杀中，如果对手的一只手总是处于"闲置状态"，既不用于攻击，也不用于防守，而是一直放在口袋中，或者放在衣服下面，那么，可以肯定一件隐藏的武器即将被拿出来。

把一个伸手去拿武器的敌人消灭是完全有可能的。在敌人准备利用刀具或者其他武器进行攻击之前，士兵一个果断的攻击动作也许能够把他打败。如果不能这样，士兵就不得不对敌人的持械攻击采取应对措施。这时候，不能只是单纯地进行防御；必须想办法果断迅速地把敌人控制住，直至把他彻底消灭。

除非使用诸如步枪上的刺刀之类的重武器进行攻击，否则刺杀式的攻击绝不可能只进行一次刺杀。刀具更可能被用于连续的刺杀，经常是在把对手抓住并控制之后进行。很多武术专业人士想象中的解除武装和不可救药的乐观主义的"X 式阻挡"，无论是应对砍劈式攻击还是刺杀式攻

给执法人员的建议：注意观察敌人双手的动作！

面对一个潜在的敌人，如果他的双手不在自己的视线范围之内，那它们再次出现的时候就可能会持有某种武器。在敌人还没有把武器拿到手之前，执法人员就要先发制人地发动攻击，千万不能等敌人已经把武器对准自己了，才开始行动。

击都毫无用处。士兵绝对不要试图用手臂或者身体的任何部位去阻挡敌人的刀剑攻击，正确的做法是避开敌人刀锋或者是刀尖的直接攻击，把持械的敌人打败。

应对单手刺杀的技术

如果敌人单手持刀刺杀，士兵则向前斜向跨步，站到 Y 字形战术上面两个分叉中任意一个之上，用手臂的外侧把敌人持刀的手臂格挡到一边（如果士兵的身体不幸被刺中，一般来说也不一定是致命的）。正如我们在前面有关抱握的防御技术中所讨论过的一样，在这样的位置上，有可能把敌人持刀的手臂折断，或者采取解除武装的策略。

应对锋利武器的踢击技术

面对一个手持刀具或者是类似武器的敌人，采取踢击技术进行应对可能是非常有效的，可以给自己创造接近敌人并把他手中的武器控制住的机会。而试图直接把武器踢开简直就是自杀的行为。

应对刀具攻击的防御技术

尽可能控制敌人的武器使用是非常必要的。士兵设法让自己置身于敌人持刀手臂的"后面",把敌人的手臂向下推压,使敌人无法对自己进行刺杀攻击,与此同时对敌人展开膝击。不过,对武器的控制只能是暂时的;如果敌人承受住了这样的击打,那么他仍然可以利用致命的武器进行战斗,所以士兵必须迅速采取相应的应对措施。

给特种兵的建议：不要耍花架子！

在电视和电影镜头中，经常出现演员用脚把敌人手中的刀具或者是枪支踢飞的镜头，看起来特别帅气。然而，这些只是导演为了使影片能够产生对观众的吸引力而特意设计的特技动作，在真刀实枪的搏杀中是不可取的。

士兵跨步接近敌人，使自己的臀部靠近敌人的腋窝处，猛然把敌人的手臂朝自己这边拧转，这样也许能够把敌人的手臂拧断。接着，士兵把敌人的手腕用力折叠，把他手中的刀拿掉。也可以使用肘击技术对敌人的头部后面进行击打。

如果士兵站在Y字形的下面，即站在与敌人面对面的位置会受到更大的威胁，因为在这个位置上士兵很容易被敌人刺中。士兵也许能够快速抓住敌人的持械手并用力扭转，从而把他手中的武器控制住，或者把他持械手臂的肘部向后推压，达到控制武器的目的。从这个位置上，士兵用一只手的"虎口"部位击打敌人的咽喉部位是一个不错的后续攻击手段。敌人可能会设法向后撤离，试图摆脱士兵对他持械手臂的控制，重新展开攻击。士兵绝不能让敌人的阴谋得逞，必须迅速采取行动把他打败。

应对刺刀攻击的技术

应对刺刀攻击可以采取与应对单手刺杀相类似的技术。士兵站在Y字形的底部分叉位置，从敌人持械手臂的内侧把步枪猛然抓住，就像把敌人的手臂抓住一样，把枪支控制住。这时候，步枪的枪口和枪口前端的刺刀不再指向士兵的身体，所以，士兵就不会被枪弹射中或者被刺刀刺中。如果士兵站在Y字形上部的分叉位置，就可以从外围击打敌人的手臂，有希望使他的肘部向非正常的方向弯曲并折断。士兵把敌人的手臂拉向自己，迫使他的头部向下低垂，趁此机会对他的头部展开踢击，或者实施扭倒抱摔技术，把敌人面部朝下摔倒在地。

应对砍劈攻击的技术

持刀进行砍劈攻击一般不太可能一招致命，不过防御的难度也比较大。用刺刀攻击，其威胁

应对刺刀刺杀的防御技术

任何刺杀式攻击，刺刀都是直接刺向目标的（A）。士兵可以向侧面跨步，使刺刀偏离刺杀方向，从而获得反击的机会（B）。把敌人的持械手臂抓住，尝试对它实施手臂折断技术（C），手臂用力把敌人的头部向下推压（D）。对他的脸部实施踢击技术应该能够很快地把他打败（E）。

C

D

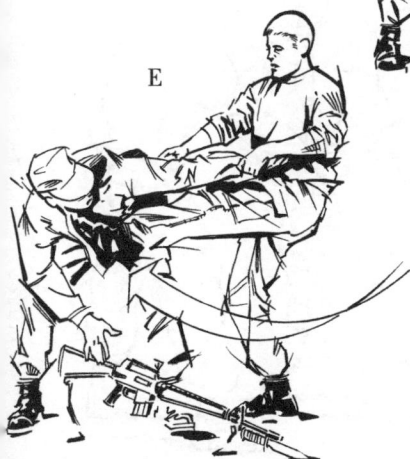

E

应对刺杀式攻击的技术

　　正确应对刺杀式攻击的方法是设法使刺刀偏离预定的刺杀方向，不应该进行正面阻挡（A）。如果刀尖偏向了外侧，士兵仍然站在敌人的正对面，最好的反击方式就是对敌人实施正面直接击打（B）。如果刺刀偏离的方向使士兵站在了敌人持械手臂的外侧，那么士兵就获得了更多的反击机会，包括对敌人实施手臂折断技术，或者解除敌人的武装（C），还能够对敌人进行重拳击打等（D）。

A

B

C

D

应对正手砍劈式攻击的技术

　　正手砍劈的路线类似于摆拳挥击的路线，可以采取控制敌人手臂的技术进行阻挡。从这个位置上用手掌的"虎口"部位击打敌人的咽喉部位是有效的反击手段。

只局限于刀尖刺杀路线的狭窄范围内。而砍劈攻击的威胁则存在于刀具的挥击弧度范围之内。

应对敌人的正手砍劈攻击，可以采取和应对勾拳攻击一样的阻挡技术。把敌人的持械手控制，并防止他把手臂抽回进行再次攻击是非常关键的。几乎可以肯定敌人一定会专注于挣脱士兵对持械手的抱握，重新获得对武器的控制权。在敌人的注意力集中在试图从被控制中挣脱出来的时候，士兵就获得了赢取胜利的机会。在生死攸关的近距离持械格斗的情况下，采取任何措施都属于正当行为。

用嘴咬敌人头部突出的部位可以使敌人从挣扎中分心，使士兵有机会对他进行有效的击打。或者，用拇指抠挖敌人的眼窝，使他的头部不得不向后躲避。这时候，对敌人来说避免眼部被伤害比挣脱持械手的控制更重要。

士兵可以趁此机会锤击敌人的鼻梁，或者用膝部撞击他身体的柔软部位，还可以对他实施扭倒抱摔技术。无论是在对敌人实施扭倒抱摔的过程中，还是在他倒地之后，以及对他进行猛烈击打的时候，士兵一定要保持对敌人所持刀具的控制，避免自己被刀刺中，这是非常重要的。

一般来说，实施反手刺杀之后，随之而来的就是进行正手刺杀。士兵可以通过把敌人的持械手臂推向他自己的身体，或者最好是以缠抱的方式把敌人的持械手臂控制住，把刀尖朝向敌人自己，从而阻挡敌人对自己的刺杀攻击。这时候，士兵既能控制敌人的刀具，还有可能趁机把敌人扭倒在地，对他的头部展开重拳击打，直到把他消灭。

在军事战斗的环境下，几乎没有敌人会拿刀具来威胁对方——士兵在战场上也很少会遇到敌人从身体后面进行的攻击。不过敌人会持刀威胁士兵以避免自己被俘虏或者企图把士兵俘获。治安执法的警官在执行逮捕任务的时候，经常会遭遇歹徒的持刀威胁或者是持刀攻击。

如果敌人已经持刀逼近士兵的面前（而不是已经刺到士兵的身体），那么，士兵通常采取的反击措施是用两只手同时击打敌人持刀手的手背和手腕的内侧，把手腕弯曲过来，把他手中的刀击落。

如果士兵的击打没有达到预期的目的，至少也可以使敌人的刀尖不再直接指向自己，敌人需要重新调整刺杀方向，士兵可以趁机逼近敌人，对他展开其他方式的攻击。或者，士兵可以把敌人持刀的手臂用力推向一侧，紧接着对他进行连续的击打。

应对刀具威胁咽喉部位的技术

敌人用刀具抵住士兵的咽喉部位（从前面或者从后面），对

应对反手砍劈攻击的技术

如果敌人以反手持刀进行砍劈攻击，士兵可以把他持刀的手臂用力推向他自己的身体，阻挡敌人对自己的攻击。这样可以尽可能长时间地把敌人持刀的手臂控制住，使自己有机会进行反击。不过，士兵要尽量保持对敌人持刀手臂的压制，因为敌人可能会尝试着向后撤步，把手臂从士兵的控制中挣脱出来。

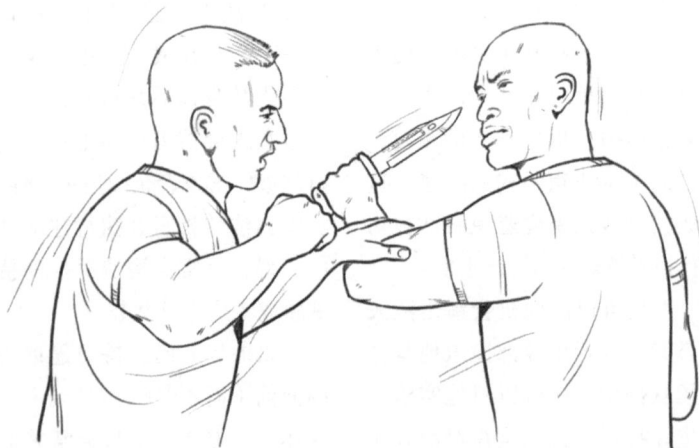

士兵的生命将构成严重的威胁。如果敌人站在士兵的身后，士兵可以在把身体向前倾倒、肩膀向下蜷缩的同时，把敌人持刀的手臂向下拉拽，使它远离自己的咽喉部位。实施过肩摔技术，把敌人重重地摔倒在地上，并进一步把他消灭。在整个行动的过程中，必须始终保持对敌人持刀手臂的控制，避免自己被刺中。

如果敌人从前面用刀具抵住士兵的咽喉部位，首先必须搞清楚刀尖是朝向哪个方向的。如果在推压敌人持刀手臂的时候把方向搞错的话，可能导致自己的脖子被刺中。一旦搞清楚敌人刀尖

应对正面刀具威胁的技术

如果敌人持刀从正面进行攻击，士兵用两只手同时击打敌人持刀手的背部和手腕内侧，把敌人手中的刀具击落。即使刀具没有被击落，也会使敌人的手腕弯曲，刀尖指向别的方向，不再对士兵构成威胁。这就为士兵展开进一步的攻击创造了机会。

的方向，士兵就可以尝试着去分散敌人的注意力，比如可以乞求敌人的宽大，使他放松警惕性等。这时候，士兵突然行动，用力把敌人持刀的手臂推向一侧，在敌人还没醒过神来之际，以迅雷不及掩耳之势把他控制住。

应对刀具威胁咽喉部位的技术

防止被刀具割伤是至关重要的，所以在整个防御过程中，必须保持对敌人持刀手臂的控制，或者使它远离自己的咽喉部位。士兵可以把敌人持刀的手臂向下拉拽，使它远离自己的咽喉部位（B），然后，身体向前倾倒，肩膀向下蜷缩（C），把敌人的身体从自己的背后滚翻到前面，重重地摔倒在地上（D 和 E）。接着对敌人的头部展开致命的击打（F）。从始到终都要保持对敌人持刀手臂的控制。

A

B

D

E

C

F

有些枪支比较适合用作徒手格斗的武器，尤其是在结合刺刀的使用时。然而，对于赤手空拳的士兵来说，唯一的选择是尽量靠近持枪的敌人，或者获得对武器的控制权，或者是把武器的持有者杀死。假如士兵不能靠近持枪的敌人，那么敌人就占据了战斗的优势地位。

8

应对持枪敌人的格斗技术

只有瞄准射击方向，枪支才能射中目标。所有成功的枪械防御方法的关键都是要保证枪口永远不要对准自己。

任何人，无论他是手持武器还是赤手空拳，面对一个持有枪械并意图开枪射击的敌人都是十分危险的。要求赤手空拳的士兵或者是执法人员去应对持有枪械的敌人是最危险的任务之一。但是，如果这是必须面对的事实，那么他们必须依靠坚强的意志和必胜的信念去完成任务。

应对持枪敌人的格斗技术

子弹发射的时候会产生非常大的声音，枪管也会变得十分烫手，可能导致用手紧握枪管的人下意识地放手。不过即使枪管很烫手，士兵还是有必要紧紧抓着敌人的枪管，控制其射击方向，因为一旦松手就会给敌人创造用枪射击自己的机会。把手持枪械的人向前拉拽很可能导致手枪走火，因为，持枪人身体向前倾斜的惯性很容易使他不自觉地扣动枪支的扳机，造成枪支走火。所以，在格斗中士兵要始终保持自己的身体远离手枪的火力线，这是非常重要的。

在士兵试图解除敌人武装的时候，如果敌人的手指正好放在手枪的扳机上，这也许是一个有利的时机，因为在士兵抓着敌人的武器用力扭转的时候，有可能会折断敌人的手指，或者至少可以迫使敌人因为疼痛而放手，他的武器也就起不到任何作用了。举例来说，假如有一支半自动手枪正在进行发射，而与此同时，有人抓住手枪上部的滑道（手枪顶端部分，环绕枪管，能够前后活动，迅速把发射过的弹壳弹射出去，把下一发准备发射的子弹

给保卫人员的建议：适应枪响的声音！

　　警卫员和保镖等执行保卫任务的人员可能不得不面对枪击的场面，经常对他们进行空枪射击训练，使他们逐渐习惯手枪射击时发出的巨大声音是非常必要的。当一个人突然听到巨大声响的时候，身体会不自觉地向后退缩，这是正常的人体本能反应。但是，在和持枪敌人的战斗中，警卫员或者保镖在听到枪响的时候，绝不能有任何的退缩行为。

送进发射轨道），使敌人无法把子弹上膛，塞进弹道。这就使敌人无法开枪射击，手枪也就完全失去了它的作用。

　　所以，认为只要把武器从敌人的手中夺过来就可以直接用来对付敌人或者是他的同伙是不对的。许多枪支类武器都带有保险栓，需要正确的操作才能够进行射击。有的人持有手枪，却把枪支的击铁扳至非击发的位置，或者弹膛中没有装一发子弹（也有可能同时犯了以上两种错误）。训练有素的人在夺取敌人手中的枪械之后，会把它当成自己随身佩戴的配枪一样，按照正确的操作步骤使枪支处于准备射击的状态。而对于那些从来没有使用过手枪的人来说，很明显，即使他们的手中持有手枪，也不懂得如何正确操作。保险的办法是把缴获的手枪枪托当作棍棒使用，击

打敌人。无论采取什么措施，都要充分利用手中的武器，直到所面临的威胁不复存在。

　　显而易见，手枪的杀伤力远远超过短兵相接的徒手格斗技术。不过，大多数持枪者，甚至是训练有素的士兵，在近距离格斗的巨大压力下，也不能完全准确地射中目标。面对一个快速移动的目标，即便是在相当短距离的射程中，也很难对其瞄准射击。因而，对于士兵来说，可以通过分散敌人注意力的方法，快速逃离敌人的射击火力线。绝对不能沿着一条直线跑动，最理想的情况应该是设法让一些物体挡在自己和持枪射击者之间。

利用掩蔽物躲避敌人的射击

　　当然，利用掩蔽物躲避敌人的射击也是一个不错的选择，但是，这只能在某种程度上起作用。

最重要的是要搞清楚隐藏处和掩蔽物的不同之处。掩蔽物是指可以阻挡子弹的障碍物，而隐藏处却有着不同的含义。士兵躲在隐藏处，敌人便无法瞄准目标，士兵也就不会被子弹射中，还可以顺利逃离战场。

把身体躲藏在一个合适的坚固的掩蔽物体后面，可以保护自己不被枪弹射中，但是，敌人会绕过掩蔽物，寻找可以进行有效射击的位置，或者他会设法靠近士兵，把他的身体按住，进而把他杀死。所以，士兵利用掩蔽物躲过了敌人的射击之后，要尽快逃离战场，否则，就会被彻底打败。如果友军能够及时赶到，与持枪的敌人展开战斗，士兵躲在掩蔽物的后面也许是安全的——在这种情况下，士兵只需要坚持到他的战友们彻底解除敌人的威胁就能够幸免于难。

如果情况不是这样的，那么士兵就需要设法逃跑。通常来说，要尽量远离敌人的射击范围，从战场上逃离，或者士兵可以把自己藏起来，直到敌人失去耐心，不再浪费时间寻找他的藏身之处为止。士兵藏身在掩蔽物后面，直到有机会对追捕者进行伏击，并缴获他的武器，或者直到友军到来，彻底解除敌人对自己的威胁。

遏制敌人的射击行为

如果无法逃离敌人的射击范围，那么士兵必须设法遏制敌人的射击行为。只有在近距离的情况下，才能做到这一点。士兵不得不面对两个选择：是抓住机会迅速逃跑，找一个掩蔽物把自己藏起来，还是对持枪敌人展开攻击。如果有条件进行伏击，或者有可能悄悄靠近敌人，那么士兵就相当于取得了先发制人、主动进攻的有力战机。从另一方面来讲，如果敌人持枪威胁士兵，就有企图把士兵俘虏或者作为人质的可能性。这时候，唯一对士兵有利的条件是敌人没有立即射杀他的意思——如果敌人想射杀他，早就开枪了——敌人可能会用枪瞄准士兵，也就是说在非常近距离的情况下把枪口对准士兵，控制士兵的行动。这将有助于形势的逆转，虽然也意味着面临被射击的巨大风险。

对付哨兵的技术

在哨兵没有觉察的情况下，士兵应尽可能地向他的身后靠拢，然后从后面对他进行攻击（A）。在扑向哨兵的时候，他就做好了用前导手抱握、另一只强势手进行击打的准备。他用前导手掌刀对准哨兵的咽喉部位砍过去，另一只手以拳法击打哨兵的后背，使他的身体向后仰靠（B），接着，继续向后拖拽哨兵的身体，同时用另一只手捂住哨兵的嘴巴，使他不能大声呼救（C）。

A

B

C

解除敌人武装的技术

用力扭转敌人持枪的手，使他因为疼痛而松手，从而解除他的武装，这是军事缴械技术中最常见的一种。当手腕被扭曲得超出了其生理弯曲度的时候，敌人将无法紧握武器，士兵便可趁机把武器缴获。在这种情况下，士兵的手要紧握手枪的枪管部分，以确保枪口不会指向危险的方向。

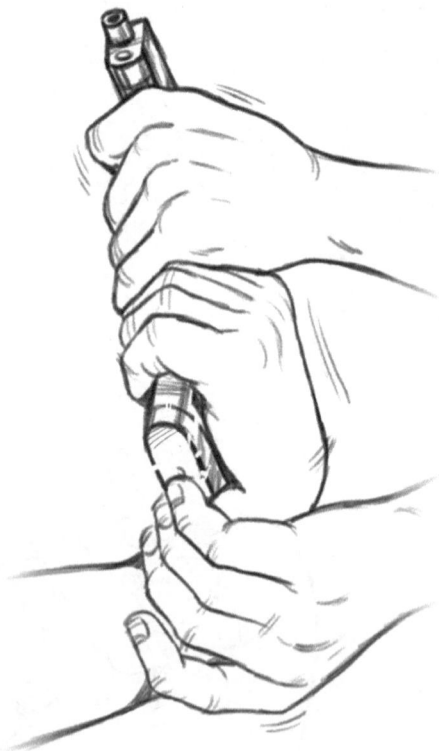

解除步枪威胁的技术

士兵在距离敌人武器最近的地方，以最快的速度，用前导手推压敌人的步枪，使枪口偏离射击方向（A）。他只需要把步枪稍微向一侧推压，确保自己不被射中。士兵用手臂缠绕步枪枪口后面的地方，把它紧紧夹在自己的腋下，使它不能移动（B），同时，对敌人展开裆部击打（C）。

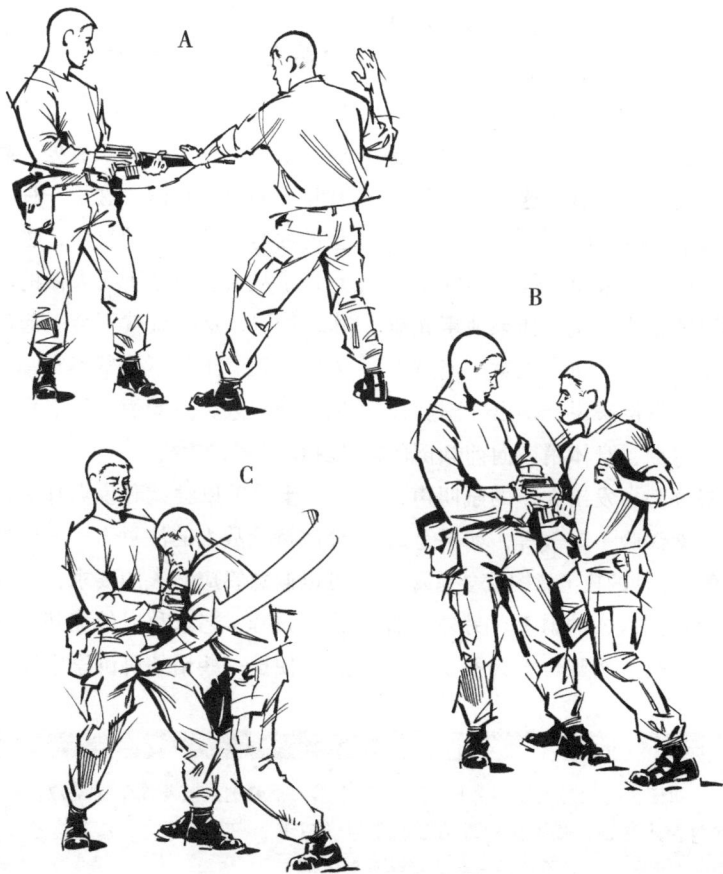

没有什么行动比敌人扣动扳机的动作更快。除非敌人的手指扣压在手枪扳机上的时间与士兵逃出射击范围的时间一样长。不过，对付手枪射击也不是完全没有可能的。因为，在扣动扳机之前，敌人还有好多事情要做。他要观察士兵正在干什么，如果他觉得士兵的行动具有威胁性，就会做出射击的决定，接着扣动扳机，对士兵进行射击。这一过程需要一点时间，不过，这段时间足够士兵采取相应的应对措施了。

对士兵来说，最关键的是要尽可能抢占先机。如果他事先泄露了自己的动机（无意中流露出来），举例来说，摆出一副膝部略微弯曲、身体稍微向前倾倒的临战姿势，发出大声的吼叫声，长长地深吸一口气等，如果是这样的话，他的攻击意图就会暴露，从而遭到敌人的射杀。另外，如果敌人第一次警告士兵不要轻举

妄动是针对士兵的行动提出的，那么他势必是经过了仔细观察—做出决定—开始行动的整个过程，与此同时，士兵已经开始行动了。尽管持枪敌人并没有花费很长的时间做出反应，但是他已经晚了。但愿这段时间足够士兵逃跑。

隐藏自己的攻击意图

当敌人用武器对准自己的时候，士兵把双手举到双肩处，隐藏自己的攻击意图。这是一种典型的面对武装威胁的反应，也正是持枪敌人会命令士兵去做的动作，所以，这样做就不会引起敌人的怀疑。士兵不要贸然行动，以免使敌人突然受惊，而下意识地扣动步枪的扳机。

士兵可以尝试着说点什么，分散持枪敌人的注意力——比如可以假意答应敌人的要求，表示愿意投降，乞求敌人的宽恕，或者随便扯一些诸如讲讲家中还有

给保卫人员的建议：妥善保管武器！

即使在把武器的使用者打败之后，也千万不要把武器随便乱扔乱放，把武器存放在别人找不见的地方妥善保管，或者放在某个地方，留着自己使用……但是，千万不能放在敌人能够拿到的地方。

妻儿老小和回家后计划养宠物等的闲话，麻痹敌人的警惕性。

如果要有所行动，就要动作迅猛，出乎敌人的意料。士兵把敌人的枪口猛然击向一边，向敌人冲过去。对付像步枪之类的长枪，身体要冲到枪口的后面。步枪本身的长度将妨碍敌人重新调转枪口方向，指向士兵。这时候，持枪的敌人处于不利的地位，因为他既不能放弃武器，也无法使用武器。他需要打开一定的空间进行射击，但是，士兵是不会允许他这么做的。

手臂缠绕武器的技术

也许可以用手臂缠绕敌人的武器，或者用一条手臂（有时候甚至是两条手臂）抓住武器，保持枪的位置固定不变，同时对敌人展开最大限度的野蛮攻击。用牙齿咬、进行头锤、展开膝击和拳法击打等，这些技术都可以用来把敌人制服，夺取他的武器。如果能够从持枪敌人的手中把步枪夺走，就可以把枪托当成棍棒对敌人进行击打，把他打晕甚至杀死。

对于诸如手枪之类的短兵器，可以通过把持枪敌人的手腕扭曲的方法来缴获，或者把他的手腕翻转，枪口指向持枪人自己的脸部。这样最起码能够让敌人放弃射击的企图。一般最常用的办法是把枪口推向一边，使士兵避开手枪射击的路线，士兵用手的虎口部位向上托住枪身的扳机护弓附近，就好像要把拇指指向持枪敌人的脸部一样把手旋转，这将使枪身朝上倾斜，最终把枪口对准敌人自己的头部。

士兵从侧面而不是从枪口下面向敌人靠近。士兵最好用左手（弱势手）从武器的顶端伸过去，拇指朝下抓住枪管，把枪身扭转，放到右手（强势手）之中。在把枪从左手向右手转移的时候，士兵扣动弹道滑轨，确保子弹已经上膛，做好随时可以进行射击的准备。

较常见的情况是，整个行动过程只有一部分可能成功。士兵把敌人的枪口推压到一侧，身体可以靠近敌人，在尽可能控制枪支的同时，对敌人展开猛烈的连续击打。

必须对进攻的需要和最终的

胜利像绝不允许枪口对准士兵一样予以同样的重视。如果有机会，可以从敌人手中夺取武器，或者可以采取其他方式解除敌人的武装，那是非常值得一试的。

总体来说，目的就是要在消灭持枪敌人的同时，保持敌人的枪口指向不会对士兵构成威胁的方向。

应对后面枪械威胁的技术

应对来自后面的枪械威胁，

应对手枪背后高位威胁的技术

假如敌人持枪从士兵的背后进行高位威胁，士兵就可以突然转身，把敌人的手枪撞击到一边，用手臂缠住敌人持枪的手臂，把它控制住。枪口从士兵身边经过，所以暂时不会造成威胁（B）。士兵随即以肘部击打敌人的脸部，迫使他的头部向后倾仰，身体失去平衡（C），同时用腿勾踢敌人的一条腿，使他仰面朝天，摔倒在地（D）。在保持敌人持枪手臂被控制住的情况下，士兵对躺在地上的敌人展开膝部坠击，同时，对他的头部进行连续击打（E）。

C

D

E

有必要搞清楚武器的具体位置。士兵把头向旁边稍微侧转，只要用眼角的余光扫视一下周围的情况，就可以对后面的情况有个大概的了解。如果敌人的枪口抵住士兵的后背，也就暴露了枪支的位置。另外，士兵要尽量长时间地隐藏自己的行动意图，然后，迅速对敌人展开突然攻击。在这种情况下，士兵的双手可能会抬起；这样的姿势有助于进行防守。

应对手枪背后低位威胁的技术 （双手举高姿势）

应对手枪背后低位威胁的时候，士兵可以旋转身体，手臂随身体的旋转从一侧向另一侧挥击，把敌人持枪的手臂撞向一侧（A）。随后把敌人持枪的手臂夹在自己的腋窝之下，使它无法移动（B）。紧接着，士兵可以对敌人展开任何形式的攻击。在下面的图例中，士兵用手指抠挖敌人的眼窝，迫使他的头部向后方倾仰，身体失去平衡，站立不稳（C）。敌人头部遭遇击打，无法顾及身体下段的防御，士兵趁机对他展开裆部膝击。

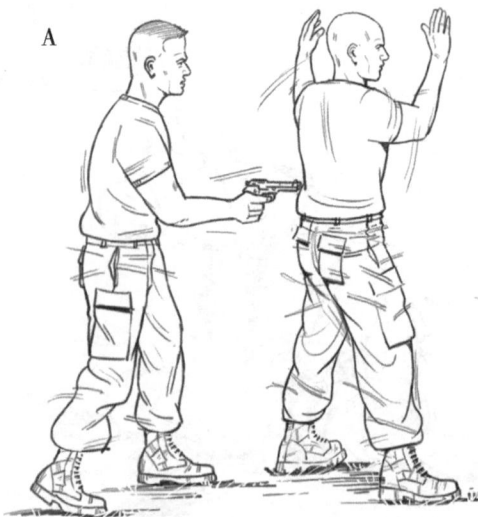

A

准备行动的时候，士兵把身体扭转，把敌人的枪口推撞到一边。如果敌人的威胁是在高位，也就是说，敌人的枪口对准士兵的头部后面，士兵可以把双手抬高感觉枪口的瞄准位置。如果敌

人的威胁是在低位（枪口对准士兵的腰部），士兵有必要把两条手臂放下来。无论遭遇两种威胁中的哪一种，士兵并不一定需要非常准确地知道敌人枪口瞄准的具体位置；只要知道敌人的枪口

所在的大概位置，就可以挥动手臂把敌人的手枪撞击到一边。当然了，速度是非常关键的。

根据转身的方向，士兵会发现自己要么位于敌人持枪手臂的内侧，要么位于外侧。如果是站在敌人持枪手臂的内侧，最好的选择是用一条手臂把敌人持枪的手臂紧紧抓住，用另一只手对敌人的下颌进行刺拳击打，或者用

应对手枪背后低位威胁的技术（双手放低姿势）

应对手枪背后低位威胁的时候，士兵把身体旋转，手臂挥动，把敌人的持枪手臂撞到一侧，但是因为此时士兵的手臂处于下垂状态，还不能立即把敌人持枪的手臂控制住（B）。不过，士兵可以冲向敌人，对他的头部展开击打（C），士兵用另一只手按压住敌人持枪的手臂，使枪口不能对准自己，直到自己可以把敌人持枪的手臂夹在腋下牢牢控制，或者把敌人击打至不省人事为止。

A

"虎口"部位掐住敌人的咽喉部位。如果士兵转身后发现自己站在敌人持枪手臂的外侧，最好能设法折断敌人的手臂，或者解除敌人的武装。对付敌人的刀刺攻击和防御敌人的抱握与拳法攻击都可以采取这样的措施；唯一的不同之处在于要扭转敌人持枪的手臂，使枪支从他的手中脱落。

以一己之力对付多个敌人的时候，唯一有利于士兵的情况是敌人可能会一个接一个地单独与士兵进行格斗。士兵可以采取一些有效的战术，比如把一个敌人推到另一个敌人的身上，或者把一个敌人推倒在某个地方，而其他敌人不得不围绕他进行救援，这样就可以大大缩小双方人数上的差异。

9 应对多个敌人的格斗技术

一个人不可能真正地与多个敌人同时进行战斗。在对付一个敌人的时候，有必要设法让其他敌人也不能闲着，击倒一个，再继续对付下一个。

在真实的战斗中，一对一的遭遇战并不多见，除非是偷袭者试图消灭一个站岗的哨兵时，那确实是一对一的格斗。更多的情况下，士兵可能会陷入与多个敌人的战斗中，或者被几个敌人四面围住，陷入混乱的群殴中。在这种情况下，没有任何让每个士兵挑选一个合适的敌人与之进行单打独斗的可能性。即使双方的人员在数量上是相等的，每个士兵都有可能发现自己需要独自对付三到四个敌人，而与此同时其他小组成员却需要联合起来对付单个敌人。

如果这是有意为之，这种战术可以很快地结束战斗。如果一方的几个成员可以吸引对方大量成员的注意力，那么，从理论上来讲，他们的同伴就可以在与其他敌人的战斗中占据优势地位。

这样可以先把敌人中的一部分快速消灭，然后以数量上压倒敌人的优势，把剩余的敌人干掉。当然，这也是一把双刃剑；那些寡不敌众的士兵必须坚持战斗，直到其他同伴过来增援自己才能幸免于难，否则就会有危险。

降低敌我双方人数上的差异

在以一个士兵对付两个或者是更多的敌人，或者是一群士兵设法压制敌人中的一部分，而把其他敌人打败的时候，可以使用与对付数量上压倒自己的敌人时所采用的同样的战术。

这种被称为集中兵力的作战原则是军事格斗技术体系的重要

组成部分。没有必要同时在每个地方都赢得胜利，只要能够在关键的地方赢得胜利即可。如果敌人中的一个被打倒，而其他的还在战斗，也算是取得了一定的优势。因为随着士兵在人数上越来越占优势，更多的敌人将被打倒，这就会导致敌我双方人数上的平衡逐步倾斜。

对于单个士兵来说，在对付两个或者多个敌人的时候，除了集中精力进行应对之外，没有更好的办法；他不可能同时应对来自各个方面的攻击。不过，他可以设法阻止多个敌人联合起来对自己展开攻击，这是非常关键的。因为一个人不可能同时与多个敌人进行战斗。对于单个士兵来说，如果必须只身对付多个敌人，唯一可能快速击败敌人的方法就是在多个敌人之间来回周旋，瞅准机会展开攻击。

单个士兵，或者是寡不敌众的士兵，千万不能因为专注于对付一个敌人，而让其他敌人占据了战斗的优势。他的每一个动作都必须获得最大的攻击价值，他必须保持站立的姿势，保持身体的来回移动。一群人想要阻止一个倒地的人站立起来，并对他进行踢击或者是踩踏是相当容易的。

采取相应的行动，使敌人相互妨碍，或者相互推挤，可以暂时拉平双方在人数上的差异。有时候这种战术被称为"串鱼"，也就是说要让敌人排成一队，而不能让他们把自己包围起来。对付两个敌人相对容易，当人数增加的时候会逐渐变得艰难。也可以利用障碍物阻止其他敌人靠近。

有很多种办法可以导致敌人互相影响，相互阻挡。最有效的

给特种兵的建议：像什么

在武打电影和体育比赛中，有很多来来回回的打斗场景。但是在真正的激烈的格斗中，这是不太可能发生的。它更像是某个人被车撞倒——一方占有绝对的优势，而且一直拥有这种优势，除非他们做了某件愚蠢的事情。而另一个家伙甚至没有进行战斗的机会，更不必说有赢得胜利的可能性了。问题的关键是要让自己成为那辆车，而不是那个被撞倒的行人。

办法是跨步把身体闪到一侧，以使一个敌人挡住另一个敌人。推挤、抱握以及把其中一个敌人的身体扭转方向，故意让他挡住其他的敌人，也是非常有效的。可以把一个敌人扼颈控制，并把他作为人体挡箭牌；也可以把被扭倒在地的敌人当作障碍物，拉开自己与别的敌人之间的距离。

很少有人会径直越过自己的朋友或者是同伴去攻击敌人。一般来说，他们会绕过他走到另一

缩小敌我双方人数上的差异

很少有人会越过自己的同伴去攻击敌人。因此，士兵可以把一个敌人打倒在地并把他当作障碍物，在自己和他的同伴之间隔开一定的距离，这样就有机会向下一个目标发起进攻。

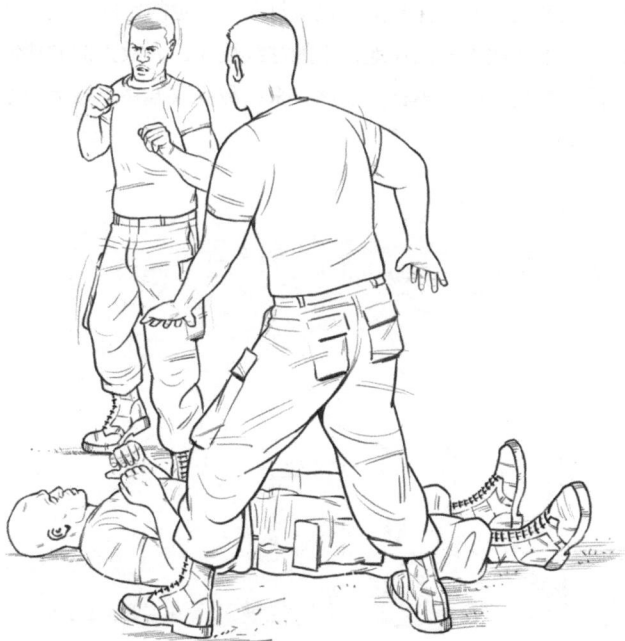

边，这就需要花费一些时间。如果士兵可以把一个倒地的敌人横在他自己和一些敌人之间，那么他就能够赢得时间去对付其他敌人。他可能比敌人的同伴更愿意踩踏这个倒地的敌人；如果是这样的情况，那么士兵就因为能够跨越倒地敌人的身体而获得了对其他敌人进行出其不意突然袭击的有利条件，在进攻的过程中士兵踩着倒地敌人的身体冲向那个犹豫着不敢做与士兵同样事情的敌人，对他展开攻击。

还有一种可能就是利用受伤敌人的痛苦来削弱他的同伴们的战斗力。对倒地的敌人进行眼部

拉平敌我双方在人数上的差距

对一个离自己最近的敌人，士兵不要直接对他展开击打，而是应该直接把他推到他的同伴身上。这就打开了一定的空间，使士兵能够实施踢击技术把敌人踢倒在地，不能继续战斗，而敌人的同伴们也被撞击得摇摇晃晃，站立不稳。如此一来，敌我双方在人数上的差异就会拉平很多。

或者是咽喉部位的击打，要不然还可以折叠他的肢体，这往往会导致至少一部分敌人的同伴试图去帮助他——或者犹豫不决，以防他们自己也遭遇同样的伤害。

与一群敌人战斗的技术

单个士兵对抗一群敌人只有一条路可走——孤注一掷，铤而走险。在危险的环境中，并不是每个敌人都那么勇敢。有些人可能会向后退缩，把冒险的事情推到其他人的身上，他们把赢得胜利的希望寄托在了这群人的整体战斗之上，而不是尽个人最大的努力去战斗。

在任何队伍中，都会有一到两个领头的人，有的人甘愿冒着生命危险，在前面冲锋陷阵，而有的人则畏缩不前，以求自保。一旦其他人差不多已经赢得了胜利，这些人往往会表现得非常希望能够参与最后的战斗；但是，如果领头的人，或者是其他同伴不幸陷入不利的战局，遭遇猛烈的连续攻击，这些观望者往往就会逃之夭夭了。

单个士兵不可能依赖别人；他必须竭尽所能，全力以赴地投入战斗。于是就会出现这样一种情况，那就是有的敌人在遭遇打击之后也许就会做出退出战斗的决定，而单个士兵在遭遇同样的打击之后只能默默地承受，并且继续坚持战斗。因此，把一群人中的某一个成员暂时或者永久地踢出战局比把单个奋战的士兵踢出战局要容易一些。当然了，从另一方面来讲，这也意味着对立的一方可能要遭遇更多的拳打脚踢了。

始终保持进攻状态

单个士兵必须始终保持进攻的状态。他不能够承担被抓获或者是被扭倒在地的风险，也不可能在防御一个敌人的同时对付另一个敌人的攻击。他的每一个行动、每一次攻击，必须为自己带来一些有利的条件，不过这并不意味着他针对敌人头部所进行的每一次击打都必须具有巨大的杀伤力。如果单个士兵把第一个敌人推开，可以让他有机会接着把第二个敌人打倒，然后，再回过头来对付第一个敌人，那么这样做很可能比直接对第一个敌人进行击打更有价值。

频繁转换攻击目标

单个士兵必须愿意频繁地转换攻击目标，即便他已经接近于把一个敌人彻底打败了。举例来说，他可能会推开站在自己面前的敌人，接着对敌人的同伙展开一连串猛烈的打击。在敌人的同伙已经被打得晕头转向、步履蹒跚，也许不出几秒钟的时间就会被击倒在地的时候，可能之前被推开的那个敌人却突然出现在了士兵身后的某个位置。如果士兵把一个敌人击打至降服，却被另一个敌人打败，那他就不能算是赢得了胜利。所以，他必须立刻转过身去对付那个曾经被自己推开的敌人。希望另一个敌人伤得够重以至于不能再次参加战斗（或者他只是有再次参加战斗的想法），不过，即便他希望继续战斗，并且有能力继续进行战斗，士兵已经赢得了在再次返回来对付第一个敌人之前对付第二个敌人的时间。士兵也许不得不来回回擦地移步好几次，这样做可能不会取得实质性的战斗成果，却可以大大降低士兵遭遇来自背后袭击的可能性。

与一群敌人战斗的技术与一对一的格斗技术没有什么两样，但是应该尽量避免与敌人进行缠斗。取而代之，士兵应该使用击打、膝击、踢击和推挤等手段，这样这样既可以给敌人造成伤害，又可以把他们调来调去，耍得团团转。一次几乎不会造成什么伤害却可以让敌人退却的击打至少为士兵赢得了对付其他敌人的时间。

作为团队成员进行战斗的技术

应对多个敌人的时候，士兵还需要知道在什么样的情况下有机会帮助自己的同伴，或者是在什么样的场合需要联合他们对付单个敌人。在这种情况下，团队合作是非常必要的，否则每个人之间只能是互相掣肘，影响战斗效果。最低限度，士兵有可能充分利用战机，对敌人进行打击。他可以在敌人毫不察觉的情况下，从侧面或者是后面发起进攻，使敌人不能有效地进行防御。

如果利用击打技术进行攻击，动作一定要果断有力，举例来说，一次大力的踢击或者击打至少可以使敌人失去还击的能力，或者使敌人受到严重的伤害。对一个没有能力进行反击的敌人进行警告是毫无用处的。作为选择，可以对他实施扭倒技术或者是锁控技术。在同伴被敌人牢牢控制的情况下，这样做是非常有用的——把他从敌人的控制中解救出来，就能够让他继续参加战斗。

从后面把敌人的脖子掐住是非常理想的攻击手段，因为它不仅能够立刻把敌人控制住，还能够把他从预定的受害者身边拉开，除此之外，还可以让士兵有机会

与一群人进行战斗的技术

　　士兵从一个敌人的身边离开，防止他对自己进行攻击（A），与此同时，对另一个敌人展开眼睛戳击，使他暂时失去攻击能力，被迫倒向自己的同伴（B）。这就为士兵创造了对第一个敌人进行裆部踢击的机会（C），接着，士兵返回去把另外两个敌人推挤到一起（D）。当这两个敌人撞在一起陷入混乱之中的时候，士兵乘机对他们展开连续的击打（E、F 和 G），然后，士兵向后滑步站到第一个敌人面前，对他展开再一次的踢击（H），把他彻底消灭。

A

B

C

D

E

F

G

H

把他迅速杀死，或者是使他丧失意识，陷入昏迷之中。不过，如果敌人的身体一直不停地动来动去，就不可能顺利实现掐住他的咽喉使他窒息而亡的目的。实施这一技术的时候只要把敌人的一条手臂和头部牢牢地缠抱，把他的身体用力向后拉，那么士兵的同伴便可以获得自由。

如其不然，也可以采用背后扭倒技术。实施这种技术最简单的方法就是从背后抓住敌人的两个肩膀，用力向后向下拖拽，与此同时，把他的一条腿踢开。这种踢击是针对位于膝盖下面小腿肚子的向下向前的踩踏。这将导致敌人的膝盖弯曲，双腿跪倒在地上，被士兵用沉重的靴子踢击而亡。

联合起来进行战斗的技术

作为群体中的一部分进行战斗的时候，最有效的方式是群体中的每一个人都联合起来共同对付每一个个体的敌人，快速把他们消灭，而不是平均分配力量对付敌人。不过这就意味着必须保证其他的敌人处于忙碌状态。可以采用与单个士兵对付多个敌人的时候所采用的一样的战术，不停地变换步法，频繁地转换攻击目标。举例来说，一个士兵针对一个敌人发起攻击性行动的时候，也许同时伴随着很多声音，显示出其全力以赴的攻击状态。当敌人摆出一副防御性的站姿，或者向后移动身体的时候，士兵接着转换去对付下一个敌人，对与他的同伴进行战斗的敌人展开踢击。接着士兵再返回去对付第一个敌人，与此同时，他的同伴可以利用士兵刚刚制造的有利条件对付敌人。通过相互帮助、互相解围，这一群训练有素的士兵可以很快地战胜意志坚定但是缺乏战斗技巧的各自为政的一群敌人。

动作神速、不择手段的扭倒技术

为了帮助处于敌人猛烈攻击之下的同伴，士兵冲过去用手去抓抠敌人的脸面，用手指戳击他的眼睛，把他的头部用力向后拖拽。同时用脚踢击他腿部的后面，迫使他跪倒在地上。这样虽然不能把敌人长久地踢出战局，但是可以为士兵赢得做其他事情的时间，比如他可以对敌人进行致命的踩踩，或者发现另一个攻击目标。

最有效的攻击能够出其不意地把敌人擒获，或者是在敌人已经处入防守的心态之后才发动攻击。敌人不知道发生了什么事情，就不可能做出相应的有效反击。一个努力不想失败的人将输给为胜利而战的人。心理战术用来为具体的行动创造一种最有战斗力的条件。

10 分心战术、误导战术以及心理战术

如果能让敌人士气低落，或者注意力分散，那么他就不能有效地进行战斗，格斗将变得非常容易，甚至敌人也许会不战而退。

分散敌人的注意力，或者使他产生迷惑，就像是"力量增大器"，可以大大提高士兵的攻击效果。在全力以赴的格斗中，没有机会使用狡猾的伪装和错误指引的战术，敌人也许根本不会注意到这种只有受过专门训练的拳击手或者是综合格斗专业人士才熟悉的佯攻暗示。所以，只能根据敌人的实际情况适当利用错误指引的战术误导敌人。其秘诀就是或者向敌人展示某些他绝对会做出反应的东西，或者是刺激敌人本能的反应。

猛烈进攻

一种办法就是发动一次逼真的攻击，举例来说，士兵跨步向前进入适合展开踢击的距离之内，

把一只脚抬高，做出准备踢击的姿势。如果敌人没有做出任何反应，那么这次踢击无疑是成功的，可以有把握地顺利实施。为了避免被沉重的靴子踢中，敌人必须做出相应的反应，也许他会中止即将要做的任何事情，向侧面跨步躲避或是向后退缩。至少他的防守程度将会降低，放低护着头部的双臂试图格挡来腿的踢击。这就让士兵有机会收回踢击腿，同时向敌人靠近，越过敌人低位防守的双臂，对他展开头部击打。

一连串的击打将迫使敌人改变防守姿势，从低位防守转而进行正面防守，从这个角度对敌人展开勾拳击打将会畅通无阻。由直拳击打转换到勾拳击打，从对头部的打击到对身体的打击，再

猛烈进攻

　　在生死攸关的格斗中，没有采取姑息手段的余地。每一次猛攻都是为了获得最大的战斗效果，不能让敌人有机会冷静下来，开始反击。

结合踢击技术和膝击技术的实施，会令敌人手足无措，被彻底打败。就这点而论，刚开始的一系列拳击并不能算是一种佯攻手段，它们完全是实实在在的拳法击打。也许它们的打击效果并不非常大，但也有助于把敌人的防守吸引到预定的攻击线路上，从而打开其他的攻击线路。

一个明显处于防御状态的敌人比一个正在进攻的敌人的威胁要小得多。所以，在任何可能的情况下，士兵要设法迫使敌人进入防御的状态。如果能做到这一点，士兵就要更加小心地抓住这些攻击的机会，而不会像以前那样让它们从敌人在进攻中暴露出来的漏洞中溜走。

抓住有利时机

迫使敌人进入防御状态可能比采取攻击性的措施或者满怀信心地去战斗所需要做的事情要少得多。大声吼叫很有帮助，对巨大声响的恐惧是所有人类恐惧本能中的一种。所以，对着敌人的脸大声吼叫也许能让他做出退缩行为，并且把预定的攻击计划中止。如果敌人因此而受到惊吓，可能会抬起双臂保护自己的头部免遭攻击——这是人体的一种本能反应，很难用理智的头脑来左右。大声的吼叫伴随着明显的针对其脸部所展开的近距离拳击，可能会导致敌人抬起双手不顾一切地保护自己的头部，从而把自己的下半身完全地暴露在士兵的攻击之下，为士兵创造了对他的裆部展开大力踢击的机会。在那些习惯于使用微妙而狡诈手段的竞技体育比赛中，这类粗野而明目张胆的手段也许是行不通的，但是，在全接触的格斗中它们却是非常有效的。大声的吼叫和攻

给特种武器和战术（警察部队）部队的建议：不停地吼叫

特种武器和战术（警察部队）部队在进入敌人的营地时会制造很大的声响，大声命令对方投降，好像他们自己是全副武装的执法人员。这样做可以避免一些错误，这类能够让人精神焕散的战术在真实的格斗中能起到至关重要的作用。

攻击性的行为

攻击性的身体语言、大声的恐吓和吼叫都会给人以非常大的威胁，可以导致敌人在没有遭受任何身体的攻击之前就败下阵来。出色的士兵必须有能力既可以同时运用攻击和恐吓的战术，又可以有效抵制这种战术对自己的不利影响。

突然袭击

一队士兵在攻打一座建筑物的时候，很容易在一开始就遭遇敌人的猛烈攻击。为了避免这种情况的发生，他们一般会运用分散敌人的注意力，进行突然袭击，从敌人意想不到的方向进行攻击的战术。同样的原理也适用于单人格斗，打败你的正是那个在你不注意的时候靠近你的人。

击性的行为也是非常重要的心理战术。很多战斗都是"赢在了敌人的心理"上，也就是说，通过摧毁敌人的战斗意志而赢得战斗的胜利。一个因为遭遇了打击而非常痛苦的人，很可能会下决心进行反击，但是，如果他面对的是一个看起来满怀信心、无法阻止的对手，那么他的痛苦将被恐惧所压倒。

在对付一群敌人的时候，这一点显得尤其重要。如果士兵能快速而又利落地除掉这群敌人中的一个（最好是领头的敌人），那么其他的敌人就会做出脱离战斗的决定。当然，这也不是绝对的，但是一个人完全有可能迫使一群人进入防御状态，然后把他们击溃。如果他们依然有勇气坚持战斗，联合起来进行攻击，那么士兵取胜的机会就比较渺茫了。

所以，只要能够很好地利用格斗中的心理战术，就有可能平衡敌我双方人数上的悬殊，或者是把双方人数上的差距缩小。幸好它与采用合适的战术是一致的——满怀信心和攻击性的行为对身体与心理都有很大的影响；给敌人造成伤害会极大地削弱他身体的战斗能力，并摧毁他的战斗意志。

分散敌人注意力的事物和计策

也可以利用其他能够分散敌人注意力的事物或者是有关计策。举例来说，把一件东西扔到敌人的脸上通常会让他做出躲避的动作。如果敌人手里持有枪支，这个主意就行不通，因为他可能会出于本能反应而扣动扳机。但是对于一个赤手空拳的攻击者，或者是一个手持刀剑或是钝器的敌人，这种能够让他做出躲避行为的小计策还是有一定作用的。不过敌人的躲避行为不会持久，可以肯定的是随后敌人会展开猛烈的攻击。所以，利用这类手段分散敌人注意力的时候，动作必须迅速而果断。

在大多数情况下，掩饰自己的作战意图是非常有用的，特别是面临持枪敌人的攻击时，这样做尤其重要。如果让敌人提前知道了自己下一步将要采取的行动，士兵很可能会失败。另外，如果士兵可以出其不意地采取行动，那么他就获得了明显的优势。想要获得意外的效果是很难做到的，唯一的可能就是当敌人的注意力被分散或者正在与士兵的同伴交战的时候，士兵悄悄接近敌人，从隐蔽处伏击，或者是攻击他没有防备的一侧。

还有一种进行出其不意攻击的可能性，那就是敌人正好看着士兵，却没有意识到就在那一刻会遭遇到突然的攻击。即使敌人心里非常清楚他将遭到攻击，但具体的攻击时间是未知的，这将为士兵赢得些许的优势。

隐藏攻击意图的一个方法就是不停地移动身体。人类的眼睛很擅长于迅速捕捉一个人在静止状态下开始动作的蛛丝马迹，但是对一个一直处于移动状态的人，却不能非常敏锐地发现他动作的细微变化。甚至可以说，仅仅是手臂的轻微动作也可以在关键时刻起到掩饰的作用，比如某些双手举起表示投降的紧张行为也可以在他们开始向敌人或者是敌人的武器靠近的关键时刻起到一定的掩饰作用。

保持身体不停地移动

如果一个处于静止站立姿势的人突然挥拳出击或者抬腿踢击，其攻击意图在一开始就非常容易被对手看出来。如果他一直走来走去，围着对手或远或近地兜着圈子，那么，他所迈出的任意一步都和其他步子没有什么两样；想从一开始就洞悉他的攻击意图就没那么容易；一旦他开始行动，可能已经来不及进行防卫了。身体的活动会让人迷惑，很难确定自己与某个走来走去的人之间的准确距离。这就让人不能确定参战的任意一方是否位于击打或者被击打的范围之内。

同样重要的是，在展开攻击

给警察部队和特种兵部队的建议：出其不意，快速取胜

有些人的行动比其他人要快一些，但是，通常来说，真正重要的是出奇不意地把敌人擒获。出乎意料地开始行动比在盲目地快速行动之前就遭到某种警告更容易获得成功。当然，出其不意和快速行动是最好的选择。

抓住有利时机

　　士兵在对敌人进行头部缠抱的同时，把他持有武器的手臂控制住（A），用力把他的头部向上向后拉扯（B）。这就使敌人的咽喉部位暴露在士兵的掌刀击打之下（C）。士兵接着把敌人扭倒在地上，在他还没有从遭遇掌刀击打的重创之下恢复过来的时候，对他实施掐脖窒息（D）。

A

B

C

D

之前，你很容易表现出一种凝神屏息、精神振奋的样子，如果你当时正处于静止的站立状态，这种表现尤其明显。一个人看到对手身体稍微下蹲，深吸一口气，并且双肩前倾，背部拱起，他就可以清楚地意识到对手即将发起攻击了。而身体的不停移动则可以降低这种事情发生的概率，让那些容易暴露攻击意图的细节不会显得非常明显。

发出大声的吼叫

还可以利用语言来隐藏自己的攻击意图。没有敌人能够想到当士兵正在与自己进行对话，告诉自己会服从他的命令的时候会遭遇攻击，那将取得令人吃惊的效果。所以，士兵可以高举双手，嘴里高喊"好吧，我被你打败了，你逮住我了"，或者是类似的无关痛痒的话。哪怕即将成为捕获者的人没有以同样的语气说话，他的身体语言、音调和语调都会给人留下他已经被制服的印象。

瞬间之后发生的猛烈进攻应该会让人大吃一惊。

有时候还可以使用另外一种欺骗手段，那就是对敌人所采取的任何压制措施都做出过度的反应。该手段主要用于试图从敌人的押械式擒拿或者是控制中逃离；但是当士兵被敌人实施扼颈窒息技术的时候，不可以采用这种办法。通过扭动身躯和制造出很多的声响，士兵给人一种他所遭受的痛苦比他实际所承受的痛苦强烈得多的印象。敌人不会出于同情而放松对士兵的抱握，但是他也许会因为觉得自己的抱握看起来效果十分显著而放松警惕。事实上，士兵并不是因为疼痛而扭动身体，而是在寻找从敌人的抱握中解脱出来的机会。

猎人同时也是猎物

改变捕获者与被捕获者的关系是另外一种有用的策略。在自然界的食物链中，人类捕获其他生物，同时也被其他生物所捕获。

在今天，这种情况已经因为工具和武器的出现而被人为地改变了，但是，这种本能的行为仍然存在。

一个认为自己即将赢得胜利，或者满怀必胜信念的战士就处于"捕获者"的地位；当他面对的是一个看起来有降服意图、惟命是从的敌人的时候更是如此。这是典型的捕获行为，可以进一步增强捕获者的斗志。

假如"被捕获者"突然展开积极的进攻，也许还伴随着震天的吼声，那么，捕获者与被捕获者转换的开关就被触发了。这就相当于一个原始人正准备把手中的矛投向一只他跟踪了很久的鹿，突然有一只老虎大声吼叫着从灌木丛中冲了出来。突然之间，这个原始人处在了被捕食的地位；他必须迅速摆脱这个可怕的捕食者，要么就会被老虎撕咬并吃掉。

当一个明显会被打败的敌人突然给自己造成严重威胁的时候，同样的事情也会发生在心理层面上。至少，这个即将成为捕获者的人将会大吃一惊，以至于无法迅速做出反应。最多他可能会仓促地进入捕获模式，他只是为了能够幸免于难而进行战斗，而不是为了赢得胜利而进行战斗。他可能已经三心二意，无心恋战，甚至彻底放弃了；这就有可能从心理上彻底打败敌人，将一场本来应该是激烈的战斗转化成一件简单地进行打击的事情了，也许这才是事情的关键所在。一个竭尽全力想赢得战斗的人就有可能战胜一个设法使自己幸免于死的对手。决心赢得胜利和只求幸免于死的人都抱有不达目的不罢休的进攻性的心态。采取心理战术攻击上面所提到的只求能在战斗中存活下去的人，迫使他进入一种防御性的心理状态，在这种情况下，具有讽刺意味的是他更容易被打败。

第三部分：
格斗训练

正如在别的章节中提到的，一旦发生暴力冲突，士兵将别无选择，必须毫不犹豫地投入战斗。如果手中的枪支还没有上膛，或者发生故障不能使用，那么，他必须设法进行徒手搏杀。如果他身体状态不佳，或者缺少必要的搏杀技巧，那么，他必须采取其他措施进行补救。坚强的斗志和奋不顾身的搏杀也许能够奏效，但是，士兵也有可能陷入被动而无能为力。

从某种角度来说，格斗就是一种差额游戏。士兵所拥有的每一项优势都能增加他在搏杀中获胜的概率。所有的技术、武器、技巧、战术和身体条件等都是提高他战斗能力的条件。这些条件可以通过训练而获得。当然了，如果没有获胜的欲望和机智的战斗策略，这些条件都不值一提，而这些也是需要通过训练来培养的。

军队的士兵和治安执法人员没有多少时间可以用于徒手格斗技能的训练。说到底，这并不是他们主要的任务，所以，训练必须是高效率的，在有限的训练时间内获得最好的训练结果。除非发生了暴力冲突，否则要想衡量一个士兵经过了多么良好的训练通常是不太可能的，而在真实的战斗中，士兵所表现出来的任何不足都是显而易见的。

一个经过良好培训的士兵或者是警官，在战斗开始之前几乎就可以对战局做出相应的反应，他们从一个潜在的攻击者或

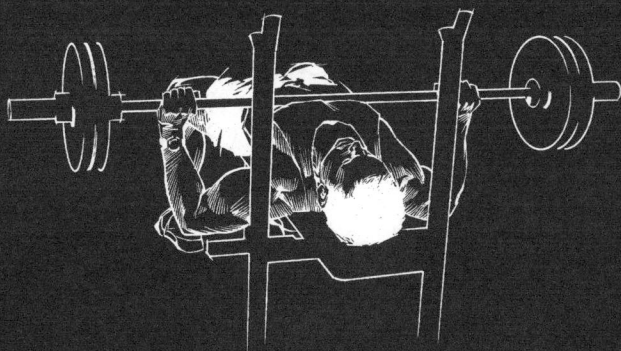

者是敌人那里注意到一些小细节，可以预测即将发生什么事情。他有能力洞悉敌人的意图，并进行相应的反击，更重要的是，他能够把自己的意志力运用于战斗中。有效的训练不仅仅是要让士兵知道战斗中有哪些战斗技巧可以付诸实施，更重要的是能够让士兵出于本能而且非常有效地去运用这些技巧。在赤手空拳的生死搏杀中，这是非常重要的，因为，士兵没有时间仔细考虑下一步应该使用哪种技巧，以及犯了什么样的错误可能导致生命受到威胁。

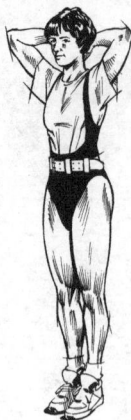

身体素质与战斗技巧的训练和心
理素质的提高是相辅相成的。在筋疲
力尽的时候仍然能够坚持完成训练任
务的能力，可以转化为战斗中必胜的
信心和决心。

11 身体训练

俗话说："训练刻苦，战斗顺利。"但是，这种说法并不一定完全正确；战斗通常都是艰难的，严格训练的目的就是把不可能的事情变成一种可能。

身体训练有两个目的。其中最明显的目的是可以增强士兵的身体素质。同时他的力量和忍耐力也会得到提高，除此之外，不是那么容易看到效果的被称为条件反射作用的心理因素也能够得到相应的提高。身体的条件反射作用和身体健康不是同一个概念，前者更多的是指士兵的身体对于一个特定活动的习惯程度。一个具备良好的条件反射能力的运动员，与一个条件反射能力较差的运动员相比，在完成同一个任务的时候，所付出的努力要少得多。如果两个运动员的身体都非常健康，那么，前者可以持续运动的时间更长——实际上他们有着同样大小的燃料箱，但是在运动中，前者发动机的燃油效率比后者更高。

条件反射作用与身体健康

条件反射作用属于特性的东西，而身体健康属于共性的东西。在使用到核心肌群的活动中，一个经常对核心肌群进行锻炼的人动作就会更有效率，比如缠斗和摔跤活动等，但是在长跑中，强健的核心肌群却不会给人们带来任何的好处。这就是为什么有时候身体健康的人在进行一项新的活动的时候，明显觉得非常吃力。任何特定活动的身体条件反射作用能力都必须经过专门的培训。在徒手格斗中，最有价值的是那种能够培养相关的条件反射能力和促进身体素质提高的身体训练项目。

身体训练对士兵心理素质的提高也具有非常重要的意义。通常来说，身体训练是非常艰苦的，同时也是特别痛苦的。一个勇于直面身体训练困难的士兵，拥有一种追求成功的信念，这种信念也表现在其他活动中。在身体透支（筋疲力尽）的情况下继续战斗需要坚强的心理支撑，这是经过长期艰苦的训练形成的。在极度疲倦的情况下，背着沉重的包裹完成长跑训练，就好像在任何形式的身体训练中突破了痛苦的极限一样，对培养强大的心理素质大有好处。

身体训练主要包括力量、忍耐力和灵活性等方面的内容。在军队的徒手格斗训练中，后者并不是主要的训练项目。在战斗中，一定程度的灵活性是必需的，但是一个有能力完成任务的士兵就已经具备了这种程度的灵活性。士兵不会进行踢击敌人头部的训练，也就不需要为了达到具备这一水平的能力而花时间专门进行训练。

军事训练中还包含一些延伸项目的培训，但是在大多数情况下，主要还是专注于实施能力的训练，并且要坚持这种能力的训练。换句话说，这样做是为了培养士兵的力量和忍耐力。当然，使用健身设备是必要的，但是大多数的军事身体训练项目的规模都是相当大的。因为不可能为大量的人员训练提供足够的健身场所和设施，所以最主要的训练资源就是自己身体的力量，也就是说，士兵大部分时间都是利用自己的身体进行训练。

跑步训练

跑步是一种极好的增强身体综合素质的训练方式，同时还可以提高心理素质。任何相对平坦的地方都可以用来进行跑步训练，有很多可以取得很好锻炼效果的方式供选择。一种方式是身负沉重的装备进行跑步训练。进行负

给特种武器与战略部队（警察部队）的建议：要么成功，要么根本不去尝试！

　　一个特种武器与战略部队的警官之所以会开枪射击或者是使用徒手格斗的技术，是因为他有自信获得成功。对于没有把握的事情，他是不会抱着侥幸心理去尝试的，否则可能会把事情弄糟。

切实可行的准备措施

在作战区，军队的士兵不得不背着沉重的武器和装备到处跑。因此，有必要让他们背着这些武器装备进行训练。绝不能在双方交火的时候，才发现自己因为全副武装的牵累而无法跑动，或者无法投入战斗。

重跑步训练有助于士兵适应自身的体重和装备的质量，同时培养他在执行艰巨任务的时候所需要具备的忍耐力。

另外一种以跑步为主题的训练方式是向山顶冲刺。跑步上山是一项非常简单的训练方式，特别是在负载重物的情况下向山上跑步前进。这一项目可以以团队训练的方式进行，士兵以接力的方式，或者是两个士兵结成一对，轮换着互相背着向山顶冲刺。

还有一种训练方式叫作折返式跑步或者"训练呼吸冲刺"，这种训练通常是在室内有限的空间内进行的。士兵沿着一面墙慢跑到达墙的另一端，接着转身以强大的爆发力加快速度向起点冲刺。双向冲刺交替进行，慢跑—冲刺—慢跑—冲刺的往返过程是培养士兵快速恢复体力的有效方法，也就是说，可以培养士兵从紧张激烈的活动中迅速恢复体力的能力，与此同时还可以进行某些不太费力但还必须完成的任务。

俯卧撑以及相关的训练

对于有些士兵，特别是那些正在进行基础训练的人来说，俯卧撑（也叫作掌上压）似乎是军事训练的主要项目之一。进行俯卧撑训练可以极大地提高士兵身体上部的力量，尤其是对于那些希望在背负沉重军事装备的情况下身体依然能够自如活动的人来说，这是至关重要的。俯卧撑训练有很多动作变化形式，其中一些的训练效果比另外一些的更好。

快速而短促的起伏动作也许会给人以高强度训练的印象，但是相对平缓而动作幅度较大的俯卧动作更能锻炼肌群的强度。两只手的位置也有很多变化形式，有的动作要求两只手非常接近身体，而有的又要求把两只手分开很宽的距离，身体每次"俯卧"的姿势保持一到两秒钟就会使整个训练变得非常吃力。这种训练只需要重复很少的几次就会收获与简单轻松的俯卧撑相样的好处和效果。

除了连续进行机械的俯卧撑训练之外，还可以结合一些其他的项目一起进行训练。下蹲后伸腿是指在保持俯卧撑的状态下，双脚快速向前跳跃，尽可能地靠

俯卧撑训练：增强核心肌群的力量

常见的俯卧撑训练有很多种变化形式，在训练中我们可以看出士兵做不熟悉的动作比做已经习惯了的动作有着更大的困难。即便只是变化一下手的位置，也可能在很大程度上提高这些俯卧撑动作的难度，至少在士兵的身体习惯新的动作之前是这样的。

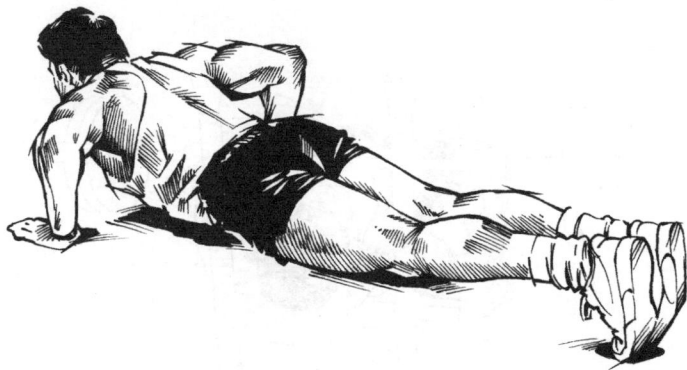

自由力量训练

可以利用一些非常优秀的多功能健身馆和健身器材进行自由力量训练，自由力量训练有它特别的优势。在举重的时候，士兵不得不保持身体的平衡和对力量的控制。这样既能强化所要求的训练效果，还可以避免训练变得过于具体化。

近身体，接着再向后伸展出去。或者是两条腿交替进行；一条腿向后伸展，一条腿向靠近身体的方向跳跃，每次重复动作的时候，两条腿前后交换着进行屈伸动作。

类似的训练还有跑台运动，但是在这项训练中，士兵不是把两只脚放下靠近自己的身体，而是弯曲每条腿，把它抬高，靠近自己身体的位置，并保持离开地面的姿势，与此同时，另外一条腿则伸展放到地上起支撑的作用。在一连串的快速"水平跑步"运动中，不断地变换两只脚的姿势进行训练。

俯卧撑训练也是"站立下蹲俯卧撑"训练的一个组成部分，这一训练项目还有很多其他的名称。在开始这项训练的时候，身体呈下蹲姿势，接着士兵向后踢腿，双脚落地呈伸展式俯卧撑姿势，通过身体向下呈半俯卧的姿势减缓双脚蹬地的冲击力。双臂快速用力向下撑，紧接着向上弹回，带动双腿站立，双脚落地，回到下蹲位置。士兵从这个位置直接跳起来，双脚落地的时候，直接恢复下蹲的姿势，以这样的姿势不断重复刚才的动作。

仰卧起坐训练

在大多数军事活动，尤其是徒手格斗中，身体的核心肌群起着十分重要的作用。如果某人核心肌群弱的话，很容易从他的临战姿势中表露出来，从而轻易被敌人攻破，导致士兵被扭倒抱摔，或者被拖倒在地上，却没有能力进行有效的反击。在对付敌人的时候，所有的托举、肩扛动作和与敌人所进行的缠斗扭打，都依赖于强有力的核心肌群，所以，一套完整的训练项目一般都包括增强核心肌群的训练。

平缓的仰卧起坐比快速的、忽停忽动的动作效果要好。进行仰卧起坐训练的时候，双腿应该弯曲，士兵不能依靠头部抬高的动作把上半身向上抬高，而是要依靠腹部肌群的力量把上半身抬起来。训练的时候，双脚经常是放在地板上的（双腿应该呈弯曲状态，而不是伸直状态），但是，为了针对不同的肌群进行有针对性的锻炼，在每一次重复动作的时候，把一侧的膝盖抬高，上半身弯曲，稍微靠向一侧抬高的膝盖。

　　作为仰卧起坐的另一种变化形式，士兵可以仰卧在地板上，把两个肩膀稍微抬高，离开地面，利用腹部肌群的力量把一条腿或者是两条腿抬起来，向自己的头部靠拢。其目的是尽可能地把自己的头部和膝盖往一起相互靠拢。或者通过弯曲膝盖把两条腿向上抬起来，一次抬高一条腿或者两条腿同时向上抬起来。

仰卧起坐训练

　　几乎所有人类所进行的运动和活动都要用到身体的核心肌群。"六块腹肌"也许看起来很帅，但是，更重要的是强有力的腹部肌群可以为其他所有活动提供支持。所以，为了保证腹部的每一块肌肉都能够得到锻炼，进行不同类型的仰卧起坐训练是非常值得的。

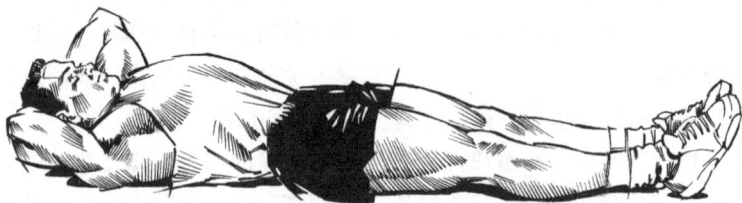

下蹲和弓箭步冲刺

下蹲和弓箭步冲刺是通过在承重的情况下弯曲双腿的方法达到锻炼腿部肌肉和身体核心肌肉群的目的。通过增加负重来加大训练强度，或者是双手提重物，或者是双肩扛杠铃。背负沉重的背包下蹲尤其费力，因为士兵必须付出额外的努力来平衡背包的质量。

在站立姿势下，把双腿尽量弯

慢速仰卧起坐训练

做仰卧起坐训练的时候，四肢与躯体抬起屈曲的动作快速而激烈，会给人留下特别深刻的印象，但是，其效果并不一定十分理想，因为，平缓地做好每一个动作，才能收到最好的效果。身体恢复仰卧姿势的时候，动作也要平缓；四肢落地所花费的时间与起坐所花费的时间大致相同。

曲到合适的角度（不要超出这个角度），这个姿势保持一小段时间，然后，恢复到下蹲的姿势。可以把双手向前伸展保持身体的平衡。这种训练使四头肌（大腿肌群）处于严重的紧张状态，可以增强肌肉的忍耐力，但是假如下蹲得太深，会使双腿的膝关节过度劳累而不堪忍受身体的重负。

还有一种替代的训练方式是下蹲并踢腿。士兵双腿膝盖弯曲，身体向下进入下蹲状态，在每次身体向上直立的时候，轮换着用一条腿进行前踢。每次努力恢复站立姿势的时候，把自身的体重集中在一条腿上，与此同时，另一条腿则调动不同的肌群进行踢击。更大的困难在于必须同时保持身体的平衡。

弓箭步冲刺训练更像是两条腿轮换着进行下蹲动作。士兵的双脚一前一后分开，而不是与两个肩膀同宽。后面的腿弯曲，好像是要把膝盖压到地板上一样，与此同时，前面的腿弯曲，降低整个身体的重心。在这个过程中，上半身躯干保持直立。一种锻炼方法是双脚前后转换位置，重复做弓箭步冲刺的动作。或者，士兵从弓步的姿势恢复站立姿势的时候，把身体稍微跃起，在空中转换双脚的前后位置。或者以弓步的姿势"行走"，一条腿抬高向前迈出，再落下，进行下一个弓箭步冲刺，不断重复这套动作。

利用击打设施进行训练

打击沉重的练习沙袋、踢击靶或者是手靶可以取得非常好的训练效果。在不断地击打靶子或者是击打练习沙袋的时候，很容易产生一种节奏感，同时还可以获得某些好处。如果训练方法得当，还可以从训练中获得更多，因为击打训练不仅可以提高击打的技巧，而且还可以同时起到强健体魄的效果。

使用击打训练设施最基本的目的是学习并提高士兵所需要的击打技术。在开始的时候，任何特定的技术都是单独进行训练的，所以，完全可以通过反复训练达到熟练的程度。在随后的训练中，把它与其他技术结合起来进行训练，形成一系列包括很多其他技术动作的训练体系。

下蹲和弓箭步冲刺训练

下蹲和弓箭步冲刺训练都是为了锻炼腿部的肌群，但是在具体训练的时候，要注意前面膝盖的弯曲不能超过 90 度。处于下蹲或者是弓箭步冲刺的姿势时，膝关节是很脆弱的，很可能会因为承受沉重的负荷而受伤。

在利用沉重的沙袋进行训练的时候，可供选择的训练项目是有限的，因为不可能把沙袋挪来挪去，但是仍然可以得到有针对性的训练。

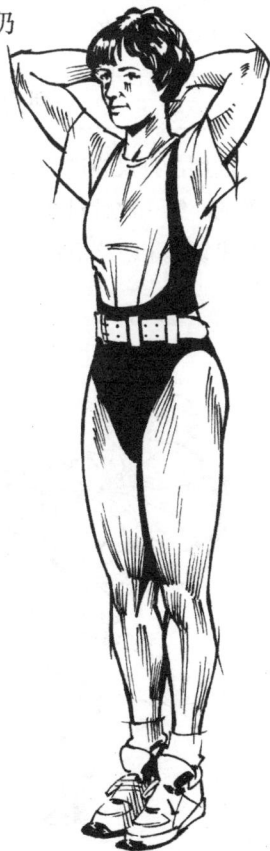

比如，只有真正的尝试过之后，才发现经典的前手拳—直拳—横踢训练组合似乎并不像看起来那么简单。在合适的击打范围或者是踢击距离之内给予最大力度的打击，并且还要学会在发出这一有力打击的同时，就为下一个打击动作做好准备，这一系列的动作技术在操作的时候有着意想不到的难度。士兵在进行组合技术的训练时可以学到很多实用的东西，举例来说，每次开始练习的时候，站在一定的距离之外，接着向前进攻，抬腿踢出第一脚，然后，向对角线的方向跨步，站到一侧。

利用击打设施进行训练

利用击打设施进行训练对提高击打技巧和增强身体素质都是非常有效的。第一次针对某项技术进行训练的时候，应该把重点放在单纯的技术训练上。之后可以进行与其他技术相抗衡的强度训练。

利用练习沙袋进行训练

利用练习沙袋可以进行很多技术动作的训练，有些训练的效果不是立刻能够显现出来的。可以把练习沙袋缠抱住进行击打训练，士兵向练习沙袋靠近展开一连串的打击，接着用一条手臂缠抱练习沙袋，对它进行膝击和近距离的拳法击打。练习者需要花费一定的时间进行训练才可以达到在非常近距离的情况下打出理想的强有力的拳击的水平，所以，要通过训练学习真正的击打技术。

还可以把缠抱与从缠抱中挣脱作为训练的一部分，比如，双手抬高掩护头部，冲向练习沙袋，把练习沙袋缠抱住，展开一连串的拳法击打，接着，大力把它推开，进行中长距离的拳法击打，就好像从缠抱中挣脱而爆发的反击一样。这种击打训练只有在练习沙袋左右摇摆的情况下才能进行——真正的击打不是推动练习沙袋，而是对它进行大力击打，通过击打的力量使它摆动。

利用踢靶进行训练

很明显，利用踢靶进行训练主要是为了增强腿部力量，提高踢击和膝击的技术。还可以利用踢靶学习正确的踢击姿势和踢击技术。最简单的训练方式是学习并掌握各种踢击的正确距离，熟悉进攻所要求的正确步法。还可以通过提前佩戴踢靶进行防御踢击的训练。如果踢击的速度太快，踢击线路必然比较短，或者踢击的力量会很弱；而踢击的速度太慢，踢击的时机可能不太合适，可能会被对手用踢靶格挡。

还可以利用踢靶进行各种踢击技术的组合训练。比如士兵可以向前跨步进行前踢，迫使踢靶持有者向后倒退一步，士兵紧接着进行横踢，而对手则扭转身体，以踢靶来防守来自新的角度的踢击。进行多种踢击技术的组合训练可以提高踢击技术的对抗性。比如，挑战者以尽可能少的踢击次数就可以迫使踢靶持有者向后倒退很多步。在这种情况下，正蹬起到了主要的作用，但是，也可以结合其他技术进行类似的对抗性训练。

踢靶还可以用于忍耐力的训练，比如，挑战者在设定的时间

利用练习沙袋进行训练

　　利用手靶之类的小型防御物进行前踢这样强有力的技术训练是不可能的。那就意味着拳击练习沙袋是进行这类技术训练的不二选择。它不仅能够提供强大的阻抗力,还可以塑造士兵对技术运用的自信心;亲身感受踢击的冲击力,并且亲眼看到踢击的效果,将使士兵坚信他的踢击技术是一件非常有效的武器,这比任何口头上的肯定都更有说服力。

内，尽可能多地进行"有效"踢击。这里所说的有效踢击是指踢出的脚要重重地落在踢靶上，或者能让踢靶持有者明显感觉到踢击的冲击力。当一次有效的踢击落下时，踢靶持有者可以发出大声的喊叫；假如他默不作声，那么每个人都清楚刚刚落下的踢击是一次无效的攻击。踢击者的自尊心和竞争精神将促使他的下一次踢击更加有力。

利用踢靶还可以进行膝击和其他攻击技术的训练。正如前面所提到的，在发起挑战时，可以以一连串猛烈的拳法击打开始行动。这样可以激发已经处于疲惫状态的士兵打起精神，进行猛力的击打，同时，还可以增强他在搏杀的关键时刻的战斗力——出拳速度迅速好倒是好，可是不能快到软弱无力和无效的地步。尽管在击打的时候出拳既要有力又要迅速，但是，二者相比，大力出拳的击打效果比迅速出拳要好得多。

利用手靶进行训练

在所有的击打设施中，手靶是最灵活的。对手靶进行全力的踢击是不可能的，但是可以对它进行大力的拳法击打和肘法击打。手靶可以用于完全被动的训练中，士兵只要实施几次击打，或者按照事先设定的训练方案进行训练，比如前面所提到的前手拳—直拳—横踢训练组合等。在这种训练中，手靶持有者把手靶向下放到大腿部位，手靶的面层朝外，踢击的力量保持在可以忍受的程度。

练习者可以进行更多高要求的手靶训练。比如，手靶持有者把手靶面层朝向自己，在士兵面前走来走去，间或转动手靶，使手靶面层在士兵眼前闪过。当士兵看到手靶面层的时候，必须以适当的击打技术对它展开击打——他必须在手靶再次转向之前发出快速而有力的击打。这项练习训练士兵时刻保持警惕的预备姿势，随时准备对出现在自己面前的任何敌对目标展开击打或者踢击。这项训练可以是在完全静止的状态下进行，也可以是在移动的状态下进行，完全随着手靶持有者的引领进行训练。

还可以利用手靶训练士兵的

利用击打桩进行训练

可以利用武术中常见的击打桩训练士兵对包括拳击和锤击在内的击打距离的掌握。锤击的时候，发力点在手的根部，而不是手指的关节处。

警觉性。手靶从头部的高度挥击过来，代表着对手要实施勾拳击打；手靶直接击打过来，说明对手进行的是直拳击打。经过反复训练，防守已经趋向于凌乱，或者身体已经失去平衡的士兵在承受了几次轻击之后，将很快调整自己的状态，重新迎战。

利用手靶进行这种类型的训练可能对士兵的体力要求很高。士兵必须不断地移动身体，时刻保持警惕，随时做好攻击或者是防守的准备，而且，当目标出现的时候，无论是什么样的对手，都必须能够及时展开有力且有效的击打。

在这项训练中，最艰难的部分也许是从始到终都要保持警觉，但是，如果在筋疲力尽的时候还能保持足够的警惕性，将有助于把士兵培养成为一个非常有战斗力的战士。

手靶并不仅仅可以用于击打或者是击打和踢击相结合的训练，它们还可以用于健身运动，比如，

手靶持有者采取骑乘的姿势，把佩戴手靶的两条手臂抬起，士兵必须对它们展开一系列的向上的击打，完成预定的击打数量——也许一组六次有效击打完成之后，手靶持有者开始用佩戴手靶的手对士兵的头部实施自上而下的勾拳坠击，士兵以手臂护头，顺势退躲以减弱来拳的力度，并且寻找可以抱握来拳手，并把手靶持有者拖倒在地的机会。这样他可以获得5秒钟的喘息机会，接着必须放松身体，重新开始新一轮的训练。

还可以开展各种各样类似的训练，可以把手靶训练作为扭倒抱摔训练的一个组成部分。举例来说，手靶持有者走上前来试图实施摆拳击打，士兵格挡来拳，并对他实施头部缠抱。手靶持有者举起手靶供士兵进行向上的膝击训练，接着士兵对他实施旋转扭倒抱摔。手靶持有者背部着地摔倒在地，再一次为士兵提供手靶进行坠击训练。

利用手靶进行训练

手靶是功能非常多的训练用具，可以用于膝击和肘击的训练，同时还可以用于拳击的训练，也可以用于踢击的训练，不过，不能对它进行全力的踢击。手靶还可以用于某些不寻常的，或者是很糟糕的情况下的训练，比如从地面进行击打，或者击打倒地的敌人等。手靶持有者也可以使用手靶进行击打，迫使士兵在必要的时候进行攻击与防御的切换。

让错误与不足之处在训练中暴露出来，从而得到及时的纠正和弥补，降低在实战中犯错误的概率。没有什么事情能够完全地按照预定的计划实施，在实战技术应用训练中，重要的是要学会应对各种复杂的情况。

实战训练

实战技术应用训练就是在相对安全的环境中试验各种技能的可行性，以便从所犯的错误中吸取教训。

如果练习者能够熟练掌握各种格斗技能，同时拥有强健的体魄作为实施这些技能的保证当然是最好不过的了，但是，除非这些技能在混乱的真实战斗中能够得到应用，否则，它们将毫无价值。当然，诸如拳击对练等"应用"训练一般都能够达到不止一个训练目的。训练对士兵体力的要求特别高，而且训练非常艰苦，可以同时增强士兵的战斗精神和身体素质。这些训练项目或多或少都具有一定的竞争性，可以激发士兵内心不确定的"取胜欲望"，使每一个参与其中的人都想提高技巧，相互进行较量。然而，实战技术应用训练的首要目的是使士兵在真实的搏杀环境下始终保持冷静的头脑，能够灵活地运用在训练中获得的格斗技能。

过度进行训练会适得其反。有些不良行为而不是良好的行为反而得到了加强，而且受伤也是不可避免的。最好是采取金字塔式训练法，把技能训练和健身训练作为金字塔的底座部分，而技术应用作为金字塔的顶点部分。从每一轮的应用训练中汲取经验教训，然后，把这些经验和教训运用到新一轮的训练中。消除不良的行为习惯，开发新的技能，以弥补技术上的不足之处。

利用拳击对练和斗拳进行训练

利用拳击对练进行训练

拳击对练是击打技能训练中的一个重要组成部分，有很多种形式的训练适用于不同的训练目的。最基本的训练形式看起来很像是拳击运动，可根据拳击运动的规则对士兵进行限制——士兵只能用拳头进行击打，不能运用缠斗等技术。双方接触的程度根据每次训练是针对技术的提高，还是针对应用技能或者是针对心理状态的测试而有所不同。激烈的拳击对练是最常见的；而侧重于技术训练的拳击对练，其动作不会非常激烈，主要用于提高体育比赛的技能。

此外，根据规定可以使用踢击技术的跆拳道式的拳击对练很少被使用。军事人员所使用的踢击技能显得稍微简单了点；在拳击对练的环境下，对踢击技术的使用有相当多的技巧性要求，除了只能用脚单纯地踢击对练伙伴之外，不能造成更多的伤害。所以，包含踢击内容的拳击对练因为容易导致受伤而不能普遍地应用于军事格斗的辅助训练中。当然，膝击、肘击，以及那些用来置人

于死地的击打技术也一样被禁止运用于拳击对练中。因此，尽管拳击对练对于强身健体、学习观察敌人的行动意图、掌握时机和距离，更重要的是，对处理与对手打斗的时候所产生的激动兴奋和恐惧害怕等情绪方面有很多的好处，这种训练方式多少还是带有很多人为的因素，不像真正的搏杀那样真实和自然。

利用斗拳进行训练

斗拳是拳击对练的一种变化形式。在这种训练中，不鼓励士兵进行防御；士兵被期望着相互进行猛烈的攻击，不停地互相击打。这种训练能够提高士兵的条件反射能力，培养攻击性的心理状态。这是一种比较接近战场上的真实打斗状况的训练，在战场上，士兵不是与敌人进行斗拳，击出去的拳头不能落空，拳击的目的也不是削弱敌人的力量。他会以不可阻挡之势打败任何挡

给特种兵部队的建议：充分利用自己所具备的技能！

特种兵部队的士兵在执行作战任务的时候不会试图去发明新的技能。他们的作战计划可以充分发挥他们的长处和能力。他们不会尝试自己不知道如何运用的某些技术；相反，他们会想办法把自己所具备的技能运用于战斗中。

给特种兵部队的建议：保持灵活性以适应新的情况

保持灵活性而不专注于单一的目标是至关重要的。一个计划实施前手拳－直拳－踢击技术组合的士兵，当敌人因为遭遇直拳的击打而蹒跚着向侧面倒下的时候，必须改变攻击计划，而不是在不适当的位置上对他进行踢击。

在他面前的敌人，继续前进。斗拳所传达的就是那种程度的攻击性，所得到的教训就是——假如你不想被击倒，那么你就必须不停地打击敌人，使他不能够把你打倒。

斗拳和拳击对练的主要区别就在于拳击对练是一条双行道的街道，其中有某些可以接受的相互让步的东西；士兵与他的同伴进行拳击对练，双方的击打技能都能够逐步得到提高。而斗拳则有所不同，这是一种一个士兵对抗另一个士兵的拳击训练。相互的让步和妥协将导致受伤，所以每个士兵都必须设法进行更多的击打，以避免被对手击中。斗拳被认为是一种很好的打斗训练，除了因为通过斗拳可以逐步提高击打技能之外——其暴力的成分远远多于技术性的成分——还因为在斗拳的训练中，士兵仿佛置身于真实的打斗环境下，在即使

失败了也不会致命的情况下，使自己逐渐习惯于去应对暴力事件。在斗拳中犯了错误，其代价是非常痛苦的，但是从中吸取教训可以挽救自己的生命。

滚翻技术和缠斗技术的训练

武术专业人士使用"滚翻"这个术语来描述一种（相对）友好的缠斗比赛。因此，在很多方面滚翻技术等同于拳击对练。参与者以站立姿势开始，寻找扭倒对手的机会；或者以膝部弯曲的姿势开始，在这种情况下，通常有着与站立姿势开始相反的实施规则。无论以哪一种姿势开始，其目的都是把对手控制住，或者是运用制服锁定技术迫使对手"拍垫认输"——被对手控制后无法坚持，轻拍对手的身体或者是拍打地面表示认输投降。

滚翻技术的训练

滚翻训练确实可以逐步增强

士兵的缠斗技术，但是其效果并不能马上就显现出来。军事格斗训练完全禁止士兵进入地面战斗，当然也不会提倡他们在地上滚翻几分钟，只是为了寻找机会向对手实施绞杀或者是手臂十字固定技术。不过，滚翻训练也有很多非常明显的好处。它是一种极好的全身锻炼，可以培养坚韧不拔的战斗精神。不想失败的愿望激励士兵在忍受不是很专业的制服锁定技术所带来的痛苦的同时，寻找解脱的机会。

滚翻训练还可以培养士兵在残酷的格斗中保持冷静的头脑和能够进行客观判断的能力。始终竭尽全力在斗拳中是有效的，但是在缠斗的情况下，这样做很快就会导致士兵"呼吸急促"（因为他已经筋疲力尽了）而被打败。相反，他应该学会抓住机会，在最好的时机尽最大的努力去打败敌人。

缠斗技术训练

尽管应用缠斗技术有一定的危险性，但是它导致伤害的可能性远远小于斗拳和拳击对练技术。士兵通过该技术学习如何快速而牢固地对对手实施绞杀技术或者是关节锁定技术，在有效控制对手的同时又不至于对他造成伤害，除非他们想那样做。在战场上，同样的技能将被用于进行快速而有效的锁定，防止目标逃脱。

除了其他的好处之外，这种具有竞争性的缠斗技术还可以增强团队精神。在历史上，缠斗一直是战斗精神的一部分，今天，它仍然具有非常有用的价值。它是一种激烈的同时又能够产生很多乐趣的体育运动。成功地相互屈从于对手增强了士兵们之间的相互信任以及对他们自己战斗能力的信心。

"推拉训练"经常被作为缠斗训练的热身练习而进行。对练的双方以典型的缠斗抱握姿势站立——右手从对手的脖颈后面缠抱，左手放在他的臂弯间。以这样的姿势，对练的双方把对手向相反的方向相互推拉，学着去相互感知对方下一步准备干什么，其中一方会采取反击的措施，或者借助对方的力量获得优势。"推拉训练"可以比较轻松地进行，目的是培养感知对手行动意图的敏感性；也可以作为一种锻炼方式比较用力地进行。不过不应该实施扭倒抱摔技术；这是一种心中有着具体目的并且有一定限制的训练方式。

争取抱握的技术训练

争取抱握是另外一种有用的训练方法。可以以竞争的方式进行，对练的双方都试图抓住有用的可以把对手扭倒的抱握机会；

扭倒抱摔的技术训练

虽然在缠斗的过程中使用轻武器是不可能的，但是用于把一个赤手空拳的敌人扭倒和绞杀的技能同样可以用于一声不响地擒获敌人的哨兵。必须通过训练，培养士兵实施这项技术所需要的信心。

争取抱握的技术训练

　　缠斗中最重要的环节之一就是对敌人实施有效的抱握。练习的方法之一是使用对抗性的训练形式，对练的双方设法进行头部缠抱、低位抱握或者是其他牢固的抱握控制方式。

扭倒抱摔的技术训练

　　在格斗中，只有一次能够成功地把对手扭倒抱摔的机会。经过不断的训练，士兵能够本能地站在正确的位置，以正确的手法成功实施对敌人强有力的扭倒抱摔。

也可以采取双方轮换着扮演攻击者和防守者的角色进行训练。

这项训练的变化形式包括"划水式低位抱握"，处于攻击态势的一方试图弯腰采取低位抱握的姿势（两条手臂从对手手臂下面插入搂抱他的身体），而采取防守态势的一方则试图阻止他。采用多少有点像游泳时双手划水的动作，手臂用力向下插入对手的手臂和身体之间。也可以采取类似的方式进行头部缠抱技术的训练。

处于地面状态的时候，可以采取"定位滚翻"的训练方式达到同样的目的。这可以是一种事先精心部署的训练，两个对手中的一方连续进行毫无阻力的姿势转换，或者可以是双方以竞争的方式设法获取主动，进而抢占优势地位。所有的这些训练都是非常艰苦的，可以训练士兵学会如何快速而有效地在地面战中获得有利地位。在战斗的过程中才去探索这些技能的可行性的话，将导致战斗的失败，因此，从严格的训练中获得这些技能是非常必要的。

在限定区域内进行拳击对练

在限定区域内进行的拳击对练可以是中等强度的训练，也可以进行全接触的训练。无论哪一种方式都是对士兵意志力的残酷挑战，同时，对士兵的体力也有很高的要求。通常会严格限制训练场地的大小，参与训练的双方被要求在很小的空间内活动（比如 2 米 × 2 米），这样他们就不得不进行近距离的打斗，而不能相互拳击。为了避免受伤，参战的双方只能戴上拳击手套进行击打，禁止实施扭倒抱摔技术。不过，参与者被允许实施缠抱技术，并且可以在缠抱状态下展开击打。

通常会采取两种基本的训练策略。一种策略是像斗拳一样进行训练，不停地向对手实施猛烈的打击，不过，同时也不可避免地会遭遇来自另一方的猛烈打击。

另一种训练策略是靠近对手，实施缠抱。那么，接下来所要发生的就是打斗的双方都拼命地想把对手的击打手臂控制住，同时让自己的击打落在对手的身上。

要想把手臂从对方的缠抱中挣脱出来，并且在重新被对手缠抱控制之前给对手以有效的打击，需要巨大的努力，但是，假如这一回合的打斗进入了静止不动的缠抱状态，那么打斗的双方将松手，停止这一回合的训练。这样就在双方之间打开了一些空间，可以进行新一轮的重拳攻击。

这项训练可以获得和斗拳相类似的训练效果，让士兵学会利用对手的弱点取得优势地位，而且，还可以训练他们进行敏捷而灵活的打斗。士兵掌握了这些技术之后，虽然难免要挨几下击打，却可以在一定程度上限制对手的击打行为。在这个项目的训练中没有任何退缩的余地，所以，处在这样的情形下，士兵必须坚持战斗，并且要尽全力攻击对手，否则就会被对手打败。

这项训练的一种变化形式是每两分钟进行一个回合的打斗训练，每个参与者在交叉轮流中参与两个回合。所以，在第一个回合中每个士兵都是处于精力旺盛的状态，在另一个回合中则会变得筋疲力尽，而他的对手则正相反。在第二个回合中，当生存变得和其他事情一样重要的时候，他不得不改变应对策略。

其他应用技术的训练

其他许多应用技术的训练也可以用于增强士兵格斗的技巧，或者提高训练的务实性。有的是直接的"打斗"练习，而其他训练的作用事实上更多地体现在战术的应用上。

佩戴拳击手套的士兵与赤手空拳的士兵合作训练

一种非常有用的训练方式是让佩戴拳击手套的士兵与赤手空拳的士兵合作进行训练。对练的一方佩戴拳击手套，只能进行击打，而另一方则赤手空拳，只能进行缠斗。

使用某些击打或者是不择手段的策略可以使滚翻技术变得更加切实可行。当对手试图通过直接对抗来阻止你进攻的时候，想要保持在打斗中的主动地位就变得比较困难了。

显然，在训练中不可能采取过分不道德的手段，如以咬耳朵和挖眼睛等对付对手，但是吸收

专业应用技术的训练

军事徒手格斗培训中有许多不能在其他地方使用的专业化的应用技术。这类技术中的背后扭倒抱摔技术在体育竞技比赛中就未必有用，但是一个不得不把哨兵或者敌对的参战者消灭的士兵却觉得它是非常有效的策略。只有当击打者主动展开攻击的时候，这项训练才能产生预期的效果；如果他放弃，那么训练将毫无意义。他的作用就是对缠斗者施加压力，用中等强度的拳击对他进行不停的击打。缠斗者必须靠近击打者，设法使他停止击打动作。当缠斗者把击打者的双手控制，以至于他不能进行有效击打的时候就算是赢了。这一训练可能是在站立的姿势下进行的，也可能需要进行扭倒抱摔。这不是一项具有竞争性的训练，击打者不可能赢得胜利。他所能做的就是尽可能长时间地持续进行击打，让缠斗者找机会采取相应的措施赢得胜利。

缠斗者与击打者的对抗技术训练

　　缠斗者与击打者进行对抗训练不仅可以增强士兵的战斗精神，而且还能提高他们的专业技能。缠斗者必须不顾对手的连续击打，靠近并控制对手。如果退缩，他就不可能赢得胜利；他必须勇敢承担对手的攻击并采取相应的对抗措施。

其中的一些做法还是非常有用的。别的不说，士兵是按照所接受的培训进行战斗的，如果在训练时要求他们光明正大地按照竞赛规则进行战斗，那么，在真实的战斗中他们可能会忘记使用某些不正当的手段去对付敌人。

识破对手漏洞和弱点的能力训练

士兵必须能够察觉到竞争性的缠斗中某些打斗姿势的漏洞和弱点。在武术竞技比赛以及起源于此的格斗训练体系中，抓捏睾丸是被严格禁止的。士兵和警察试图从地面控制对手或者是打败对手的时候，必须知道他可能要做什么，从而避免被他钻空子袭击自己。

使用不道德的手段并不会让其他缠斗手段失去应有的效果，但是在一定程度上确实能够起到改变战斗形势的作用。一个处于劣势的士兵虽然已经把敌人控制住，自己也有可能处于倒地状态，倘使敌人此时还能够对士兵进行击打或者是给士兵造成其他的伤害，那么，迅速逃离就变得刻不容缓。这项训练非常精确地模仿了真实战斗中所发生的情况，非常实用。

地面战的技术训练

从地面战击打训练中可以看出，在地面上展开有力的击打是非常困难的，士兵通过训练可以学会，如何在陷入地面战的时候进行有效的攻击和防御。这时候，进行全接触的击打训练也许合适，也许并不适宜。一般说来，可以利用比较轻快的拳击进行训练，从而减少受伤的可能，同时还能保证训练的有效性。

一套实用的可以训练士兵进行真实的地面近距离格斗的培训方案是，一个士兵以仰卧的姿势开始战斗，而他的对手则处在任意的占优势的位置。躺在地上的士兵必须设法改变双方的位置，从限定的区域中逃离，而他的对手需要做的就是把他控制住。另外一种替代的训练方案是处于上面位置的士兵被要求逃离对手的控制，而他的对手则设法从下面控制他。

这项训练有时候会持续很长时间。如果士兵还没有在训练中取胜，可以让第三个对手慢慢靠近士兵，并展开轻拳击打给士兵施加压力。可以使用定时器设置士兵逃离的截止时间，也可以利用时间设定提高训练的竞争性。

在所有的情况中，很明显使用不道德手段逃离的速度将比采用正当手段逃离的速度要快得多。以肘部或者是指关节戳击，或者是用多骨的前臂横着碾压对手的面部，往往能够导致对手紧紧抱握的手变得无力，从而使自己可以更快地从对手的控制中逃离。

击打技术训练

击打技术训练还可以设计得更加具有挑战性。"干扰式"训练可以围绕防御和竞争两个方面进行。两方面的训练都要求在设定的时间内尽可能多地对手靶进行击打，比如说可以把时间设定为两到三分钟。

两个人一起进行这项训练相对来说要简单一些；手靶持有者把手靶放在相对于其身体来说比较固定的位置，同时还要能够用另一条手臂格挡攻击者的攻击，而另一个士兵必须避开对方的格挡，对手靶进行击打。

当第三个参与者加入的时候，这项训练就会变得更加具有挑战性。在防御式的训练中，第三个参与者通过把士兵拖开或者是抱持他的手臂等手段设法阻止他对手靶的击打。士兵必须想办法脱身，把进行干扰的第三个参与者推开，在他的手臂再一次被抱持之前尽可能长时间地击打手靶，在整个训练过程中不断重复这一套动作程序。

在竞争性的训练中，参战的双方既要设法对手靶展开击打，同时又要阻止对方击打手靶的行动。他们不得不采取推挤或者是拖拉对方的手段使对方无法接近手靶，这就使整个训练过程比单纯地进行几次击打变得更加艰难和混乱。他们必须设法不让击打目标从眼前消失；他们的目的是对手靶进行击打，而不是与别人进行一场格斗比赛。

击打技术训练

　　除了膝击训练，还有一种非常有用的训练方式，那就是手靶持有者冲上前去用手靶进行击打。士兵必须应对攻击，虽然会遭到抵抗，还是要采取有效的临战姿势。最后以手靶持有者把手靶放到一个合适的位置供士兵进行膝击训练为止，来结束这一回合的训练。如果士兵没有采取稳定的临战姿势，必然无法进行有力的击打。

滑步技术训练

滑步技术训练对于格斗技术的提高和战斗局势的认知都是非常有好处的。开始的时候，士兵站在两个对手之间，这两个对手都手持手靶或者是踢脚靶，或者是一个手持手靶，另一个手持踢脚靶。士兵必须对两边的目标都进行充分的击打，才能被裁定为赢得胜利。训练开始时，持靶人将缓慢地靠近士兵，只有出于一定的原因，才会拉开双方之间的距离，比如说被推开或者是被一记强有力的踢击踢得向后倒退。

如果士兵专注于击打一个目标，他注定会失败，因为另一个对手会从后面向他靠近。如此一来，他必须在两个对手之间擦地移步，保持身体的移动。他的开局做法也许是把一个对手推开，转身对另一个对手进行踢击，使他后退。

紧接着，士兵返回来对付第一个对手，对他进行一连串有力的击打，直到裁判叫"停"，对手退出训练。如果他不能够让裁判确信他已经做得够好，他将不得不再次把那个对手推开，同时对另一个对手进行踢击，使他后退。

这项训练还有一种更加复杂的方案，那就是增加了裁判的"受伤"命令。正在承受士兵击打的持靶人，当听到裁判发出的"受伤"命令后，向后退出训练场地，在场外等候，直到裁判做手势让他重新返回训练场地，这时候不会使用口头命令；士兵不知道他的攻击已经持续了多长时间，如果他花费太多的时间攻击另一个对手的话，仍然有可能失败。

为了赢得胜利，士兵必须奋力冲向一个对手并对他进行重拳击打，迫使他后退，或者给他造成足够的伤痛，使他暂时无法继续战斗，接着，迅速对另一个对手展开决胜性的击打。这项训练要求把培养士兵对局势的把握、采取适当的战术和进行有力击打的能力等几个方面有效地结合起来进行。

"鲨鱼缸"训练计划

"鲨鱼缸"训练计划主要是为了培养士兵坚韧不拔的战斗精神和逢战必胜的信念，也被称为"极限挑战"。该项训练计划包括几个对手，还有分布在训练区域内的不同环节的训练设施。士兵从一端进入训练场地，在每一个训练环节必须使用不同的格斗技术。每一个环节的任务都必须在规定的时间内完成，比如说每个环节完成任务的时间是 30 秒钟，或者每一个环节都设定一个完成目标。

有关这个训练项目可以产生很多种变化形式。下面包括六个环节的训练计划主要是针对目标而不是时间而设计的。在必须进行规定击打数量的环节中，只有持靶人喊出"有效击打"的话，士兵的击打才算有效。那些无效的击打是不能算数的；当士兵听到持靶人大声喊出有效数字的时候，才可以向下一个环节前进。这样就保证了即使是在士兵疲劳的情况下，也能获得最好的训练效果——培养士兵永远处于充满活力的状态。另外一种训练计划是在规定的时间内进行规定数量的有效击打，这种训练计划效果不是很好，因为它允许士兵在某个训练环节退缩。

"鲨鱼缸"训练计划是对士兵身体素质的一种测试，但更重要的是对他坚韧不拔的战斗精神和忍受疲劳和击打能力的一种考验。在训练的后半部分环节中，要保证进行有效击打是非常困难的，不过也正是在这种情况下才可以培养士兵的战斗精神。那些一遇到困难就退缩的人，在真实的格斗中被打败的风险是很大的。

"鲨鱼缸"训练计划实例

在训练场内，各个任务环节之间的距离可以很近，也可以分布在较大的范围之内。无论是哪一种布局，士兵都必须在各个环节之间来回穿梭奔跑。

第一个环节：直接击打技术训练

士兵必须对同伴所持有的手靶进行六次有效的击打。当每次有效击打落下时，持靶人会大声喊出击打次数；如果某次击打不够有力，他就会保持沉默。在听到喊"六"的时候，士兵开始向下一个环节前进。

第二个环节：横踢技术训练

士兵必须对同伴持有的踢脚靶进行六次有效的横踢，当听到同伴喊出数字"六"的时候，迅速向下一个环节行动。

第三个环节：缠抱技术训练

士兵与一个佩戴拳击手套的同伴展开打斗训练，同伴靠近士兵，对他的头部进行摆拳击打。士兵必须靠近同伴，把他缠抱住，使他不能顺利进行击打。每次完成这套动作程序，对手就会报出数字。当听到对手喊出"三"的时候，士兵向下一个环节前进。

第四个环节：勾拳技术训练

士兵必须对同伴持有的手靶进行有力的勾拳击打，只有当他完成第六次有效击打之后，才能够向下一个环节前进。

第五个环节：膝击技术训练

士兵对抗一个持有踢脚靶的同伴。他必须实施头部缠抱，并对踢脚靶进行6次强有力的膝击。

第六个环节：逃离

士兵与一个设法阻止他从训练场地逃离的对手相对抗。对手对他实施摔跤式抱握或者是缠抱，士兵必须奋力与之打斗，直至自己成功地逃离训练场地。

通过改变每个任务环节所需要完成的技术任务，或者是改变任务环节的数量，可以加大或者是减小"鲨鱼缸"训练的难度。任务环节的顺序也是非常重要的，在训练一开始就增加一个缠斗挑战的任务可能会削弱训练的强度。

举例来说，如果训练是以士兵被对手压制开始的，那么他首先必须设法摆脱这种被动的局势，然后才可以逐项完成"极限挑战"的所有任务，这可能导致他还没有开始执行任务，就已经筋疲力尽了。

"鲨鱼缸"训练计划

　　"鲨鱼缸"训练计划仿照一种比大多数徒手格斗事件持续更长时间的史诗般的战斗形式进行训练。当士兵到达任务终点的时候，他的身体将变得非常疲劳，上气不接下气，事实上，这将使最后的缠斗训练变得非常艰难。

第一个环节

开始

第二个环节

第三个环节

第四个环节

第五个环节

第六个环节

结束

设定每个任务环节的完成时间将营造一种竞争性的训练环境，可以帮助士兵在完成每一个环节任务的时候，得到最大的训练效果。

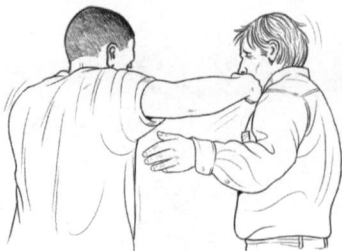

一旦发生暴力事件，只有胜利者才有资格让它停止。对敌人头部和身体展开重拳打击和实施进攻性的缠斗技术将对最后的结果起到决定性的作用。

注意事项

在格斗中，士兵全力以赴的战斗精神和必胜的决心比任何其他因素都重要。如果他坚持战斗，输赢的机会将各有一半，但是，如果他放弃战斗，失败是必然的。

真实的格斗发生在一种瞬息万变的环境中，其暴力程度令人瞠目结舌，极有可能使参战者因为恐惧而身体僵硬，内心发慌。在训练中必须克服这种倾向，以保证士兵或者警官即便是在出乎意料或者是混乱不堪的情况下，也可以果断而有效地行动。

简单的移动，有节制的进攻

在真实的格斗中真正起作用的是果断而具有进攻性的简单的身体移动。成立表演队是为了娱乐的目的而把事先排练好的内容尽可能地向观众进行展示，因此，我们在军事徒手格斗表演中所看到的大部分技巧是不太可能应用于真实的格斗中的。虽然表演中所展示的技能与技术都是真实而有效的，但是在

一对一的真实格斗中，即使是身怀绝技的士兵也不会轻易使用这些能够给人留下深刻印象的表演性的动作，他们主要依靠那些没有很好的表演效果却能迅速赢得战斗胜利的技术进行战斗。

在格斗进行的过程中，千万不要有诸如"暴力不能解决任何问题"之类的崇高思想。因为一旦发生暴力事件，只能用武力去应对。军事人员和警察往往试图在不给任何人造成伤害的情况下解决问题；嫌疑犯不做任何抵抗就降服，或者敌对的参战者逃走就算是没有牺牲的胜利。然而，在有些情况下，只有采取极端的暴力对抗才能够保证自己生存下来，赢得胜利，所以参战者必须有能力调整心态，放弃单纯的"控

给特种兵部队的建议：遇到真正的敌人，任何作战计划都是纸上谈兵

作为精心部署的战略计划中的一部分，特种兵部队投入了战斗，但是，没有任何一项军事任务可以完全按照预先的作战计划来实施完成。参战人员必须随时调整作战计划以适应变化莫测的战斗局势，与此同时，还要保持总体目标不变。因为行动与计划有所偏差而造成士兵战斗信心丧失将导致失败，甚至可能是死亡。

制局势"的想法，抱着"奋战到底、赢得胜利"的决心进行战斗。

同样，在战斗中也没有任何考虑相关道德问题的余地。士兵也许想知道敌对的参战者是否有正当的理由射杀自己，但是这个想法是非常不切实际的，完全可以搁置到一边，另外找个时间进行思考。重要的是敌人在射击，士兵需要迅速对确实已经发生的事情采取应对的措施。那些动机和理由之类说不清楚的问题，即使答案很明确，也不可能改变眼前的情况和战斗的结果。

把暴力行为作为一种克敌制胜的技术

并不是说要通过训练帮助军队的士兵成为坏人。事实上，极少有人想要伤害别人，军人的职责是把这样做的精神变态者清除掉。训练的目的是让士兵在需要的时候能够采取暴力行动对抗敌人的暴力行为，而在没有必要的情况下他们必须克制自己。他们受交战规则和纪律的严格约束，在情况不允许的时候很少有运用他们的格斗技能的可能性。

在什么情况下可以使用暴力是有限制条件的。士兵或者警官必须理解并接受这样的理念，为了完成任务或者是保护某人，他可能不得不使用暴力行为。能够生活在一个从来不需要使用暴力行为的世界是非常幸福的，但是我们并没有生活在这样的世界里，而且也许永远都不可能有这么一天。

在这个不可预知的世界里，有很多想伤害别人的人。法律、国际协定和很多热心人士都试图在不同的种族之间建立友好关系，但减少世界上整体的冲突水平可能是一个漫长的过程，而我们不能够确切地预测暴力冲突是否会爆发，或者什么时候会发生。对于那些意图伤害别人的人来说，他们的动机可能各不相同，他们经常认为自己的行动完全是合理合法的。面对敌人强加到自己身上的伤害，是束手就擒还是奋起反击，预期的受害者面临的严峻形势就是在这两者之间做出艰难的抉择。

对人质解救部队的建议：开枪还是不开枪，艰难的抉择

人质解救部队有时候不能够确定哪个是劫匪，哪个是人质。某个持枪劫匪可能隐藏在非战斗人员之中，人质也许会突然移动身体，极有可能误中枪弹。人质解救人员有时候必须根据自己对情况的快速判断做出开枪或者是不开枪的决定。对士兵进行严格的培训就是为了提升他们的判断力。

给保卫人员的建议：根据情况做出正确的回应

不能总是等到有清晰的迹象表明情况变得非常危险时才开始行动。即便真到那个时候了，也有必要对应对措施的正确与否做出判断。你也许不得不把一个非常热切地想进行采访的新闻记者从客户的身边推开，又或者下一秒钟你就不得不去应对一个企图行刺客户的敌人。根据情况做出正确的回应正是客户花钱雇你的原因。

在面对敌人对我们的同伴发动攻击，恐怖主义分子扣留人质，罪犯在我们生活的大街上制造暴力事件的情况时，必须有人去处理这些事情。这些人在非常危险的环境中战斗，所以必须通过培训让他们掌握一定的战斗技能，使他们有能力打败敌人，生存下来。普通市民也可以通过培训掌握同样的自卫防身技能，在遭遇歹徒攻击的情况下，有能力进行自我防卫，适用的规则是一样的。

极端威胁，极端回应

极端暴力行为是应对极端暴力威胁的唯一手段，但是在具体实施的过程中必须明智而审慎地进行。因为洒出来的饮料或者是一次轻微的交通事故所引发的争执不可能成为使用可以置人于死地的军事格斗技能的理由，当然了，除非对方把问题升级到了足以对别人造成极端暴力威胁的地步。任何人——包括警察、军人或者市民——都有可能意外地遭遇被别人企图严重伤害或者杀死的情况。假如发生了这样的事情，那么表明，攻击者已经下决心要对某人进行严重的伤害了。一个接受过培训的人就有能力做出判断，知道谁是那个打算这么做的人。

这就是极端徒手格斗的真实写照。一个受到良好训练的人不仅知道如何给别人造成严重的伤害，而且还知道什么时候去做，什么时候又不能做。有关人员被培训成能正确地使用武力，并且对自己的行为负责任。只有当情况变得非常危急的时候，比如以徒手格斗对抗武装的敌人，才可以采取极端的应对措施。

给特种兵部队的建议：没有自杀式的军事任务

特种兵部队的军事人员不会承担自杀性的军事任务。他们认真分析形势，寻找完成任务的办法。对于看起来无法完成的行动，他们就会迅速撤退，等待更好的时机再去做。对什么时候战斗、什么时候逃离做出选择是一项非常重要的技能。

士兵和警官必须具备应对极端暴力威胁的能力来以防这种情况的发生，但是他们总是面临着是否使用他们所具备的这些技能的选择。他们必须对自己的行动负责，就好像普通市民必须对自己的自卫行为负责一样。对另外一个人所造成的任何伤害都必须是有正当理由的，而且必须是在法律所允许的范围之内。

简而言之，本书所展示和解说的那些技术只是用来应对极端危险情况的，并且这些危险是不能用其他办法解决的。有时候使用暴力手段是唯一的出路，不过无论在什么样的情况下，只要还有别的解决办法，最好避免使用暴力手段。

毕竟你不可能输掉一场你没有参与的战斗。

士兵的紧张和恐惧心理会使简单的任务变得艰难，使艰难的任务变得不可能完成。如果使用恰当的话，技术越简单，越有可能成功。

附录：
民用格斗技术的应用

军事徒手格斗中那些简单易学的技术对普通市民进行自我防卫来说，是非常有效的。它们可以很快被掌握，对于因为忙碌没有时间进行武术培训的人来说，这是一个非常不错的选择。

普通市民很少会遭遇士兵或者警官所不得不面对的极端暴力事件，在大多数情况下，他们有权利选择逃避。事实上，在危险情况下，警察和军事人员通常会把保护普通市民的安全视为优先的目标。他们把危险留给了自己，所以普通市民不必去面对危险。

意外的威胁

如果每个普通市民在生活和工作中都能够做到尊重别人，不去粗鲁地激怒别人，那么他们就不太可能成为暴力事件的受害者。不过，他们也有可能在错误的时间出现在了错误的地方，发现自己不得不应对某种极端危险的情况。

任何威胁都有 3 个方面：肉体的、法律的和情感的。为了"赢得胜利"必须成功抵御这些威胁，但是用于抵御的具体方法可能有相当大的差异。直接进门，把门反锁，然后给警察打电话是应对众多威胁的非常有效的方法。然而，有时候逃避是不可能的，或者是不可以被接受的事实。通过逃走而避免身体受到伤害是一个不错的选择，当然了，除非这样做意味着你身后的其他人会受到伤害。也许那不仅仅意味着一次机会，所以，不管用什么办法取胜，市民也许会决定留下来与敌人一决雌雄。

根据文献记录，在暴力犯罪案件中，那些受到伤害却奋力反击的人（无论他是多么不成功）

比那些不曾进行反抗的人，其心理康复的愈后效果要好得多。

双赢模式还是输赢参半？

同样，如果把攻击者打败了，结果自己也因此而坐了牢，这样的结局就不能算是大获全胜，尽管这样的结果比其他的要好一些。这就意味着普通市民必须考虑到自己的行动可能带来的后果。法律允许市民在自我防卫或者是保护他人的时候使用暴力手段，但是必须有正当理由，而且要正确使用。士兵和警官接受过武力使用的培训，这些培训不仅包括如何使用武力，而且也包括什么时候使用和为什么使用武力；普通市民没有接受过这样的培训，除非他们已经找到并参加过一个合适的进行自我防卫训练的培训课程。

在这里有必要强调"合适的"这个词。许多武术培训课程声称可以进行自我防卫技能的培训，有的确实也做得不错。不过许多培训内容忽略了某些关键的自卫技术，或者只是教授一些相当奇怪的武术技巧，而不是培训真正的自我防卫的技能。合适的培训课程不仅仅教授简单实用的技术，而且还会传授一些可以缩小暴力冲突的范围、减弱其强度以及如何解决矛盾的"软技术"，在培训中逐步增进学员对相关法律的了解。

威胁的程度

普通市民可能遭遇的威胁也许是多种多样的。有些威胁和那些发生在战场上的威胁同样极端，需要全面的应对措施；而其他的则更复杂。比如，一个潜在的攻击者也许会摆出一副来势凶猛的样子，推挤和抱搡市民，给他们施加压力，而不会直接对市民造成伤害。面对这种程度的威胁，应该采取什么样的应对措施是一件令人头疼的事情，很多人害怕万一采取的反击行为不当，就可能导致自己最终陷入不必要的法律纠纷之中。

法律承认使用有效的武力击退攻击者是必要的。假设预期的受害者并没有自己招惹麻烦，而且设法避免暴力冲突，如果他们只是做了自己真正应该做的事情，那么他们的行动就属于法律上正当的自我防卫。

警察、军事人员和安全保卫

人员被他们的教官要求去勇敢面对威胁并采取相应的对抗措施。然而，一个普通的市民则有多个其他选择。

最基本的就是在任何可能的地方设法避免招惹麻烦，举例来说，尽量远离那些可能发生危险事件的地方，诸如抢劫者最喜欢出没的黑暗的小巷子之类的地方。

对抗还是逃走？

自我保护的一个主要方法就是愿意从冲突现场中走开或者减小冲突的程度和范围，而不是执着于赢得胜利或者是坚持在争论中说出最后一句话，从而增加双方紧张的气氛。不过，一个坚定的攻击者也许有意把事态扩大升级，甚至是从一开始就使用暴力手段进行攻击。如果确实没有任何合适的选择，或者是非暴力手段不可能奏效，那么，普通市民为了保护自己的生命安全，有权利去做任何他有必要去做的事情。

在任何情况之下，对抗的目的只有一个，那就是终止对方的攻击，不必非得把对方打败。也许有时候这是必要的，但是普通市民进行对抗的目的是保护自己的生命安全。如果市民的对抗意味着可以赢得逃跑机会，或者可以使攻击者做出退缩的决定，那么，这就和使敌人失去知觉或者是失去对抗能力一样，市民赢得了胜利。由于有效地使用了减小冲突程度和范围的技能（"说服"一个暴怒的或者是具有攻击倾向的人）而使情况没有演变成暴力事件，那也算得上是一种真正的胜利。

应对威胁

可是，一旦爆发暴力事件，就必须采取相应的应对措施。预期的受害者为了避免受到即将降临的伤害，必须做自己应该做的事情。一般说来，击打技术是最好的选择。一个只接受过最低程度的培训，或者根本就没有接受过培训的人，即使是面对一个同样没有接受过培训的对手时，也应该避免与他陷入缠斗之中。

首选击打技术

自我防卫最基本的手段是用力击打对手的头部。以张开的手掌或者是锤击击打是最好的手段，因为使用它们不会有伤害到手的风险。以膝击技术击打对手的腿部和身体也是非常有效的，包括大部分的踢击在内的更复杂的技术都不是理想的选择，原因有两个。

许多具有不同击打效果的技术也许比大部分人所掌握并可以正确使用的技术对技巧的要求要高得多。也许更重要的是，普通

有效的自我防卫技能

有些武术学校声称像高踢腿之类奇怪的动作是可以进行有效自我防卫的技术。与其把时间浪费在复杂而又用处不大的花拳绣腿上，还不如花费在某件通常来说更有意义的事情上，比如冲突管理的"软技术"，它可以减小冲突的范围和程度，并且从根本上防止暴力事件的发生。

市民很少被培训去应对紧张的格斗局势，紧张会令人手足无措，不知道该如何应对眼前的情况。一次看起来似乎简单的任务在战斗的中途会突然变得非常棘手。因此，任何复杂的技术组合都有失败的可能，而失败的技术会让使用者更容易受到攻击。

抱持

从许多方面来讲，试图抱握和重拳击打有着同样严重的后果。也许一开始攻击者只是想拖拽对手，对他大喊大叫（这是非常糟糕的），但是，如果他决定进一步提高暴力的程度，那么他很有可能会获得成功。

推压

　　攻击者经常使用推压的手法判断受害者的反应程度。受害者消极的或者是受惊的表现可能会激发攻击者升级暴力程度的欲望。一旦情况变得"激烈"起来，即使是相当小的变化，预期的受害者也必须果断采取行动，否则就会遭受攻击者决定实施的任何形式的伤害。

简单的就是有效的

所以，对于没有接受过全面培训的普通市民来说，最好坚持使用最简单的技术，通常主要指的就是击打技术。这些击打技术是军事格斗技术训练体系中的主要训练内容，基于同样的原因，它们成为普通市民自我防卫的有效手段。下颌刺拳，或者是对下颌部位的掌击是可以逃离敌人抱握的很好的方法。举例来说，在威胁不是非常大的局势中，有人试图施加压力，或者恐吓威胁弱小者，试图挑起争端，在这种情况下就可以把对方的手腕扭转，实施关节锁定技术，作为一种明显的暗示，打消他想把眼前的局势升级演变成一场暴力事件的念头。

如果攻击者看起来将要实施拳法击打，或者试图使用抱握技术，或者是想把受害者控制住进行拳法击打，市民就有必要采取更加猛烈的应对措施。对攻击者实施下颌刺拳，把他的头部击打至向后仰去，并格挡他可能实施的任何拳法击打，从而把他从受害者身边推开。他也许会自动放开紧抓着受害者的手。如果攻击者没有松手，他会因为一只手被占用而无法进行击打，而这个时候，预期的受害者却可以用两只手对他进行拳法击打。

首选击打技术

在挫败敌人进行抱握或者是击打的企图之后，下一步行动可以是对他的下颌部位展开击打。阻拦敌人的一次攻击是毫无用处的，因为他的后续攻击将接踵而至。不过，在任何时候，只要敌人的手臂和头部之间有明显的防御漏洞，就可以对他展开足够猛烈的击打，把他打败。

无论威胁来自于敌人的重拳击打或者是双手抱握，重要的是要迅速闪避到一旁，避开来拳的击打路径，使来拳偏离预定的方向而击向相反的方向。假如刺拳击打没有完全成功地起到威胁对手的效果，可以接着实施其他的击打技术。

锤击是另外一种非常有用的近距离击打手段。当然了，它也可以被用于摧毁敌人，除此之外，它还是一种可以有效破解敌人抱握控制的手段。没有人会挑起一起自认为会失败的战斗，所以一

抱握和拳击

　　如果攻击者正在挥拳迎面击来，专注于他的抱握，试图把他的手臂掰开，或者实施手腕锁定都是毫无意义的举动。此时唯一有利的情况是攻击者的一只手被占用，而受害者的双手是自由的。

个攻击者很可能比他预期的受害者更加强大和健壮。或许进行力量的抗衡是没用的，不过对他进行头部击打则有可能让他退缩并放手。

戳击眼睛

尽管使用戳击眼睛的手段攻击对手会让人觉得这是一种不道德的行为，但是任何人都可以使用它来达到自己的目的。眼睛周围再多的肌肉也不能够对它们形成有效的保护，眼睛总是很容易成为对手直接击打的目标。不过，在具体的实施中，很少有人能够真正击中对方的眼睛，因为即使是一个微小的针对眼睛的击打动作都可能导致对手做出退缩行为。面对一个看起来想戳击自己眼睛的对手，很多人的第一反应就是向一旁躲闪，避免自己的眼睛被击中；即使情况不是这样的，戳击的动作也会为下一步的攻击创造很好的机会。

眼部击打对技巧几乎没有任何要求，所以完全可以用前导手来进行。要想让前导手的击打动作变得快速而有力需要花费很多时间进行训练，普通市民不太可能掌握这样的技巧。前导手距离敌人很近，用前导手出拳的速度比强手拳快得多。如果敌人被打得头脑发晕，站立不稳，自己就获得了逃跑的机会。如果敌人只是被迫向后退缩，就有必要乘胜追击，对他展开猛烈的击打。

裆部击打

虽然踢击总是非常有效的，可以给敌人造成直接的伤害，但是它还有更多的用处。举例来说，踢击敌人的裆部能够（但并不确定）让敌人中止正在进行的动作。不过，要想针对敌人的裆部展开一记有效的踢击却有着意想不到的困难，而且，大部分情况下都不能中止战斗。事实上，某些针对身体部位的击打并不一定能够阻止战斗的进行，因为踢击的效果更多地取决于确切的踢击方式和踢击的落脚点以及攻击者的战斗意志。

这就表明裆部踢击技术不是解决所有问题的完美手段，不过它还是能够起到让敌人暂时停止攻击行为的作用。大部分人在遭遇裆部踢击或者是针对这个部位

下颌刺拳

实施下颌刺拳可以破解对手的单手或者双手抱握。下颌刺拳还可以与其他破解抱握的技术结合起来使用，假如攻击者的头部被击中而向后仰，成功的机会就很大。事实上，攻击者也许会因为下颌被击中而决定放手并撤退。

的来拳击打时，会本能地弯曲身体或者是向后退缩以避免被踢中或者是被击中。因此，虽然踢击动作本身不一定能够阻止战斗的进行，但它有可能让敌人暂时停止攻击行为，使敌人暴露于我方的攻击之下，尤其是当敌人的注意力转移到自己下半身的时候。当敌人的双手下移去保护裆部的

时候，他的头部就很容易遭遇攻击。

腿部击打

攻击敌人的腿部是帮助自己逃跑的好办法。以膝部击打敌人的大腿也许不太可能造成严重的伤害，不过也会让敌人感到疼痛难忍以至于想中止战斗。即便达不到这样的效果，也有可能让他腿脚发软，

识破敌人的意图

即使是发生在训练有素的两个对手之间的战斗，最常见的攻击方式也是摆拳强击，或者是"右手大抢拳"。这两种拳法通常都会有非常明显的挥击动作，这就使对手有机会身体下移躲过强击，或者可以趁机发起更直接的攻击。

锤击

　　锤击是非常有效的近距离击打技术，实施的时候并不需要很大的动作空间。锤击动作是人类的一种本能，所以在紧张的情况下人们经常采用锤击技术。敌人的头部或者脸部的任何地方都是锤击的理想目标。

戳击眼睛

　　戳击眼睛是一种使用前导手进行的快速击打技术，如果敌人试图利用摆拳强击结束战斗，使用戳击眼睛的技术往往可以"先下手为强"。攻击眼睛迫使敌人产生退缩行为是一个非常有效的防御手段；敌人的拳法击打也会因此而无法进行，即使敌人出拳击打了，击打也会变得无力。实施戳击眼睛的技术时，击打路径应该稍微向上戳向眼睛，注意不要击中敌人头部的硬骨部分，以免自己的手指受伤。

乘胜追击

　　一次单纯的眼部击打并不足以把敌人打败，但是，可以创造一个展开重拳击打的机会。一般来说，无论是谁，只要他能以一记猛烈而有效的重拳抢先击中对方的头部，那么他便赢得了这场战斗的胜利。

难以继续之前那样的攻击。当然了，还可以针对敌人的躯干或者头部进行膝击。操作的时候，双手把敌人的头部向下拖拽，膝部抬高进行膝击，可以把他打昏在地，但是只有在敌人被拳法击打到非常虚弱的时候，膝击才可能成功实施。通常来说，针对敌人的躯干或者腿部实施直接的膝击或者是横膝击打，效果会更好。

膝击是一种只需要大体上进行运动控制的本能动作，并不需要很高的精确度。对敌人身体的大部分地方进行膝击都会给他造成疼痛和伤害。

在非常近距离的格斗中也可以使用膝击技术攻击敌人。对于那些没有接受过很多培训的人，或者是那些发现自己处于近距离对抗强大敌人的艰难战斗中的人来说，有这么多击打功效的膝击技术是非常有用的。

在普通市民的自我防卫中，有一种踢击技术也许非常有用，那就是用脚的侧面边缘对敌人的胫骨进行扫踢。大多数的格斗都是近距离的，而在近距离的格斗中使用这种踢击技术攻击敌人是非常有效的。主动对敌人进行强有力的扫踢，可以给他造成巨大的疼痛，迫使他向后撤退。还可以把敌人的一只脚踢开，让他的身体失去平衡，或者迫使他因为疼痛难忍而放弃战斗。

这就为市民把敌人推开并迅速从打斗现场逃离创造了机会，他也可以继续对敌人展开更多的打击。因为敌人的注意力被引到了疼痛的地方，所以可以安全地挣脱他的抱握。只要破坏了敌人的姿势，任何抱握的力度都将被削弱，因此以这样的方式对敌人的脚进行扫踢可能是从抱握中挣脱的一个非常有效的办法，特别是能够紧接着对敌人展开更多的拳法击打或者是腿法击打。

其他的选择机会

对于其他比如缠抱和扭倒抱摔等手段，如果没有经过专门的训练是不太可能实施成功的。如果有成功的可能性，也要避免陷入与敌人的缠斗之中，包括善意地试图把某人控制住的行为。普通市民没有接受过专门针对冲突事件的培训，没有必要把处理暴力事件当作自己工作的一部分，所以，如果他们必须而且是不可避免地要面对这种情况时，最好的选择就是勇敢地投入战斗。如果你尽量避免麻烦，但还是遭到别人的攻击，那么，你所能做的就是，要么从事件的现场逃离，要么在尽量避免被伤害的前提下，尽快结束战斗。无论是出于多么慷慨仁慈的目的，试图去插手调

裆部击打

裆部击打并不是一个必然的战斗终结技术。大多数情况下，这种击打所产生的作用并不是很大，它可以给敌人造成一定的伤害，但并不能把他制服。进行裆部踢击之后，还有必要做好进一步的击打准备，或者可以利用敌人注意力转移的机会逃离现场。

停别人之间的争斗，或者试图去
控制一个企图对别人造成严重伤
害的人，通常都会导致自己遭受
不必要的伤害。被攻击的普通市
民应该做他们必须做的事情去终
止冲突事件，远离他们不必要卷

由缠抱状态展开的膝击

冲顶膝和横膝都可能在缠斗或者缠抱的状态下实施。抬起一只脚会破坏身体的平衡，所以重要的是要把敌人作为一个支撑。加大力量把他拉向自己抬高的膝盖，避免失去身体的平衡。

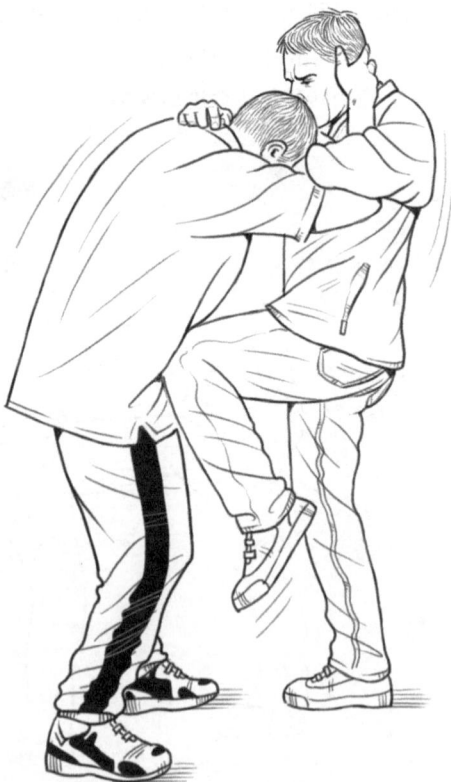

入的危险情况。这个道理实际上
和军事人员计划一次军事任务所
遵循的原则是一样的：只有在必

要的时候才参与战斗，一旦投入
战斗，就要尽最大的努力坚持下
去，赢得胜利。

针对大腿的膝击

对大腿实施膝击是非常有效的，而且难以防御。因为一只脚离开地面的时间很短，所以身体失去平衡比身体遭遇打击的可能性要小得多。

针对胫骨的踢击

　　用鞋的内侧边缘针对胫骨进行摆腿踢击能够引起敌人剧烈的疼痛，可能导致敌人的身体失去平衡。实施这项技术并不需要多少真正的技巧，几乎没有任何因为一只脚抬高而被推倒的风险。

术语汇编

逮捕与扣押：逮捕与扣押（有时候也称作控制与扣押）涉及法律执行和安全保卫中执法人员拘捕嫌疑犯的大量技术。使用逮捕与扣押技术的意图是给嫌疑犯带来尽可能小的伤害，不过可能会依靠疼痛屈从的办法，迫使嫌疑犯处于可控制的状态。

掐脖窒息：掐脖窒息是指用手臂压迫人体脖颈部位的气管，从而影响空气进出身体的技术，通常都会引起严重的不适，导致受害人进行激烈的挣扎。与扼喉窒息相比较，掐脖窒息需要较长的时间才能够生效。掐脖窒息用于降服或者是控制敌人。在一些安全保卫工作的应用中，掐脖窒息被政治上的委婉说法所替换，也就是说，因为使用了掐脖窒息而引起法律纠纷之后，在一些法律执行的术语中，用"侧面血管压迫"来替代了"掐脖窒息"。

短兵相接的战斗：用来指近距离格斗的军事术语，通常发生在封闭的地形中，比如，防御阵地或者城区内。它的特点是高强度和在极其近距离的情况下交战的可能性，以及武器保留和赤手空拳的格斗技巧。

格斗术："格斗术"这一术语经常应用于军事和法律执行格斗系统中的徒手击打的整体技术。这一术语更正确的应用，是用于描述各种各样的由 20 世纪早期到中期威廉·E. 费尔贝恩、艾瑞克·A. 赛克斯和比尔·安德伍德所创建的徒手格斗技术。

战斗道：20 世纪初期，由比尔·安德伍德创立的应用于军事中的一种徒手格斗技术。

Defendo：比尔·安德伍德的格斗道中的一种攻击性不太强的格斗技术，适用于法律执行中的执法人员使用。

Defendu：由威廉·E.费尔贝恩和艾瑞克·A.赛克斯所创建的一套徒手格斗技术体系。在创建之初，Defendu 是作为治安警察徒手格斗技术训练体系来使用的，之后进一步发展成为一种军事近距离格斗技术训练体系，在第二次世界大战中用于对特种部队军事人员的培训。

肘击：用肘部进行击打是近距离格斗技术中的主要击打技术。与拳头相比，肘部在击打坚硬物体的时候不太容易受伤。肘击包括横击肘，指肘部沿着差不多水平的方向进行击打，或者是以向下落击的路径进行击打；推击肘，指用肘部直接击打对手的后面和侧面；上击肘，指自下而上对敌人的下颌下面进行击打；下击肘，用于对付弯腰或者是倒地的敌人。

缠斗技术：任何参与战斗的双方能够相互抱握控制的情况就叫作缠斗或者扭斗。在大部分的徒手格斗中多少会使用一些缠斗技术。不过在近距离格斗中，有经验的士兵能够在与对手进行缠斗的过程中，同时使用其他的击打技术。

地面战：在格斗中，只要参加战斗的双方不是以站立的姿势进行战斗就可以称之为地面战。通常情况下，参战者会设法获取战斗的主动权，也就是说，他们在上面以全身的力量把敌人压在自己的身体下面。在这样的位置上，他们要么从地面战中解脱出来，要么把敌人杀死来结束战斗。而一个参战者倒在地上，其他参战者对他进行踩踏的情况不能算是真正的地面战，尽管在这种情况下，可以使用一些地面战的技能从中逃离，重新获取主动位置。

锤击技术：这是一种用拳头的根部进行击打的技术，沿着向内、向外或者向下的弧线路径进行击打。与用手指关节进行击打相比，用拳头的根部进行击打可以很好地保护拳头不会受到伤害。与类似的使用手指关节进行击打的拳背击打相比，锤击是一种更为有效的击打技术。

白刃战：徒手白刃战一般发生于交战双方非常近距离的相互击打和缠斗状况中。枪支等武器也许会被用于非常近距离的交战中，但是在大多数情况下，不会发生这种事情，因为当敌人迎面扑压过来时，或者在群殴的混战中，为了避免误击自己的同伴或者是非参战者，很难开枪射击。枪支等武器也许会作为徒手白刃战的武器，利用枪托进行击打，使用枪上的刺刀进行刺杀，或者用于拦阻敌人的击打。

强击摆拳：这是一种猛烈的摆拳击打。没有经过训练的士兵一般会使用强击摆拳进行攻击，这种拳法相对容易防御，但是如果被击中也是非常危险的。

临时武器：指不是事先准备好的、临时当作武器应急的物品。尖锐的物品可以用来劈砍或者刺戳，一般用于对付使用同样用刀技术的敌人。很多钝器类物品类似于条状物或者短棍等，也能以同样的方式进行防御。比较重的钝器势必显得笨重，但是也可以近距离抛掷，或者高举过头，砸向目标。

踢击技术：任何运用脚部或者是小腿进行的击打都可以被称作踢击技术。在军事徒手格斗中很少使用踢击技术，除非要把倒地的敌人杀死。前踢时踢击腿直接向前蹚出，可以用于蹚开一扇门。侧踹或者刺踢是针对敌人身体的侧面或者是下盘的攻击，类似于对倒地的敌人进行的踩踩行为。横踢是一种借助身体的旋转进行的踢击，一般以后腿横摆扫踢，以脚背或者小腿胫骨撞击目标。

膝击技术：任何运用膝部进行的攻击都被称为膝击技术。冲顶膝通常针对腿部或者身体进行攻击，可以用于通过削弱目标的腿部力量实施的逮捕和扣押技术。横膝与横踢有着相类似的攻击路径，经常用于攻击敌人的肋骨或者腹部。膝部坠击是一种由攻击者把膝盖弯曲，把整个身体的力量集中到膝部砸向倒地敌人的击打技术。

以色列国防军格斗术：这是一种应用于警察性组织和军事部队的格斗体系。目前，以色列国防军格斗术已经成为一种受欢迎的综合格斗体系，产生了若干变体。其中一些技术比其他技术在格斗中更为有效，尽管这更多的是由于训练方法而不是技术内容造成的。

武术：最初武术是一个战斗和格斗技术体系的术语，多年来，其含义逐渐包括一系列的活动，其中一些与格斗只有些许外围的联系。有些武术技能在格斗中是有效的；其他的则过于程式化，或者将其描述为体育和健身类运动比较合适。

斗拳：一些军事部队运用斗拳来培养士兵的战斗精神。尽管斗拳在某些方面与拳击对练相似，但它并不是真正的格斗技能，因为它的目的是要让训练者变得极端凶猛，没有任何防范意识。

现代街头自卫格斗术：由戴夫·特顿综合西方武术和军队徒手格斗技术等各种格斗技术发展而成的一种自卫防御格斗技术体系。目前，作者和其他教员正在自卫联盟教授该技术。

军警官员的安全：这是一个法律执行的术语，代表着为帮助军警官员在执法过程中避免受到伤害而设计的大量技术。有些技术是有形的，可以被用于执行逮捕和扣押等任务；而其他技术，诸如威胁评估，则是无形的，却能够影响警官对形势的反应。

勾拳击打：勾拳击打可以使用前导手展开，也可以用后手出击，以拳头的指关节进行击打。出拳时身体向前冲，这种拳法有时候被称作铲勾拳。落拳于下颌部位的向上击打的上勾拳，也可以被认为是勾拳的一种。针对头部展开的强击摆拳实际上就是实施不充分的勾拳。

直拳击打：用紧握的拳头的指关节展开的直拳击打，包括主要运用于拳击和类似对抗性比赛中的快捷轻巧的刺拳击打；与刺拳有类似的地方，但是前手直拳击打威力更猛烈；由后手出击的后手直拳威力非常大。

滚翻：滚翻是地面战中一种形态自由的打斗技术（有时候是从站立姿势开始，通过扭倒抱摔转入地面战）。滚翻可以是一种剧烈的对抗性打斗，也可以被当作实训的手段使用。使用它进行训练，目的在于培养士兵的战斗信念和战斗精神的同时增强他们地面战的技能。

自卫：指身体对外来攻击的抵制行为。自卫属于自我保护中的一部分。

自我保护：指为了保证个人的自身安全而采取的各种各样的措

施，包括保护身体的措施（自卫）。另外，冲突管理、威胁意识和威胁回避技术等技巧也属于自我保护措施。

随身武器：随身武器是指相对小巧而又便于随身携带的武器，过去包括各种类型的佩剑、匕首等，但是在现代社会，随身武器通常指手枪或者是小型的轻型自动（或者是半自动）枪。它们一般佩戴在肩膀下面或者放在枪套里，相对比较容易隐藏。

拳击对练：拳击对练是指同伴之间进行的自由形态的击打练习。击打的程度和焦点比较多样化。对练可以是一种技术的操练，也可以是战斗精神和耐久力的测试。对练打斗和真实环境的格斗不同，不过它仍然是一种非常有用的训练方式。

扼喉窒息：扼喉窒息可切断大脑的血液供应，会导致人的快速昏迷，如果持续进行扼喉的动作，可以导致死亡。有力而精准的扼喉窒息可能在几秒钟之内就会导致人事不省，用于这种目的的扼喉窒息有时候也被称为"睡眠控制"。很多扼喉窒息的技术还可以切断局部的气管，其结果就是掐脖窒息与扼喉窒息混合使用。

扭倒技术：扭倒技术的目的是使敌人摔倒或者处于倒地状态。准确地说，扭倒技术不需要把敌人的身体举起来。

投技：投技很少被用于军事格斗技术训练体系中，因为它操作起来难度比较大。不过，它能够造成更多的伤害。实施投技需要把敌人的身体迅速举起来，然后把他摔倒在地上。

武器保留：是指基于近距离格斗中保持对武器控制的大量技术。创造空间使用武器是重要的第二考虑。

图书在版编目（ＣＩＰ）数据

SAS特种部队徒手格斗术 ／（英）马丁·J.多尔蒂
（Martin J. Dougherty）著 ；李玉红译. -- 北京 ：人
民邮电出版社，2017.7
　　（悦动空间）
　　ISBN 978-7-115-45520-8

　Ⅰ．①S… Ⅱ．①马… ②李… Ⅲ．①特种部队－格斗
－基本知识 Ⅳ．①G852.4

　　中国版本图书馆CIP数据核字(2017)第108878号

◆ 著　　　[英]马丁·J.多尔蒂（Martin J. Dougherty）
　译　　　李玉红
　责任编辑　王朝辉
　执行编辑　杜海岳
　责任印制　陈　犇

◆ 人民邮电出版社出版发行　　北京市丰台区成寿寺路11号
　邮编　100164　电子邮件　315@ptpress.com.cn
　网址　https://www.ptpress.com.cn
　涿州市殷润文化传播有限公司印刷

◆ 开本：787×1092　1/32
　印张：9.5　　　　　　　　　2017 年 7 月第 1 版
　字数：259 千字　　　　　　 2025 年 10 月河北第 54 次印刷
　著作权合同登记号　图字：01-2016-7575 号

定价：45.00 元
读者服务热线：(010)81055410　印装质量热线：(010)81055316
反盗版热线：(010)81055315